Rüdiger R. Matzen

Onbording ein zukunftsweisender Prozess
– nicht nur für große Unternehmen –

Ein praktischer Ratgeber auf wissenschaftlicher Basis.

Bibliografische Information der Deutschen Nationalbibliothek:
Die Deutsche Nationalbibliothek verzeichnet diese Publikation in der Deutschen Nationalbibliografie; detaillierte bibliografische Daten sind im Internet über http://dnb.dnb.de abrufbar.

© BeMeCo Rüdiger R. Matzen, 1. Auflage 2019

Herstellung und Verlag: publish.bookmundo.de c/o BoD Books on Demand, Norderstedt

ISBN: 978-9-4639-8183-5

Vorwort

Das Thema Onboarding ist bei vielen – insbesondere kleineren Unternehmen – noch nicht im Fokus. Die Vorteile, die ein (umfassender) Onboarding Prozess bietet, werden im Rahmen dieser Veröffentlichung dargestellt. Dabei ist vorab festzustellen, dass viele Unternehmen bereits über einige wichtige Tools für die Integration von neuen Mitarbeitern verfügen. Was vielfach fehlt, ist das Verständnis für den gesamten Prozess und die strukturierte Herangehensweise. Hier sollen die nachfolgenden Ausführungen Hilfestellung geben, die Tools auszuwählen, die für das jeweilige Unternehmen als passend eingestuft werden.

Die vielfachen Querverweise und Zitierungen sind der wissenschaftlichen Bearbeitung dieses Themas geschuldet. Sie ermöglichen dem Leser – bei Bedarf – genannte Literatur ergänzend hinzuzuziehen.

Die Grundlage für diese Veröffentlichung ist eine von mir durchgeführte wissenschaftliche Untersuchung an der Technischen Universität Kaiserslautern (TUK) im Rahmen von Studien zum Systemischen Management und der Systemischen Beratung.

Ich habe mit den Ergebnissen eine Masterarbeit mit dem Titel *„Erfolgreiches Onboarding in Klein- und Mittelständischen Betrieben unter Berücksichtigung systemischer Ansätze"* an der Sozialwissenschaftlichen Fakultät erstellt.

Diese wissenschaftlichen Erkenntnisse wurden überarbeitet und mit zahlreichen praktischen Hinweisen, Graphiken und weiteren Kapiteln vervollständigt. Somit eignet sich die Veröffentlichung sowohl für den wissenschaftlichen Einsatz als auch für die praktische Umsetzung im Unternehmen.

Die Bedeutung des Onboardings für Unternehmen vermittle ich Studierenden an der Hochschule Fresenius sowie der EURO-Fernhochschule in Hamburg im Rahmen von Vorlesungen zum Personalmanagement. Die praktische Umsetzung erfolgt im Rahmen meiner Tätigkeit als Berater für Personalmanagement.

Für Anregungen, konstruktive Kritik oder eigene Erfahrungen mit der Umsetzung des Onboarding Prozesses nehmen Sie gerne Kontakt mit mir über die Mailadresse onboarding-matzen@email.de auf.

Abschließend mein Dank an meine Frau Sonja, die mich bei der Anfertigung des Manuskripts als Lektorin umfassend unterstützt und, da wo es notwendig war, kritisch hinterfragt hat.

Hoisdorf, im November 2019   Rüdiger R. Matzen

Inhaltsverzeichnis

		Seite
Abbildungsverzeichnis		7
Abkürzungsverzeichnis		8
1	Einleitung	9
	1.1 Ausgangslage und Problemstellung des Onboarding Prozesses für KMU	9
	1.2 Vorgehensweise und Ziel	11
2	Systemisches Denken, Grundhaltungen und Methoden	11
3	Intention des Onboardings	14
	3.1 Übersicht der Integrationsebenen	15
	3.2 Fachliche Integration	15
	3.3 Soziale Integration	16
	3.4 Wertorientierte Integration	17
4	Zielgruppen des Onboardings aus Unternehmenssicht	17
	4.1 Zukünftige Führungskräfte	18
	4.2 Zukünftige Mitarbeitende	19
	4.3 Zukünftige Mitarbeitende mit Handikap	20
	4.4 Zukünftige Mitarbeitende aus Nicht-EU-Ländern	22
5	Prozessablauf Onboarding	23
	5.1 Zeitlicher Ablauf	23
	5.2 Pre-Boarding-Phase	23
	5.3 Boarding-Phase I – III	24
	5.3.1 Boarding I – Konfrontationsphase	24
	5.3.2 Boarding II – Orientierungsphase	25
	5.3.3 Boarding III – Integrationsphase	25
6	Prozessinstrumente – Maßnahmen (Integrationsaktivitäten)	26
	6.1 Kommunikation und Information vor Arbeitsaufnahme	28
	6.1.1 Fachliche Perspektive	28
	6.1.2 Soziale Perspektive	29
	6.1.3 Wertorientierte Perspektive	29
	6.2 Einarbeitungsplan	30
	6.2.1 Fachliche Perspektive	30
	6.2.2 Soziale Perspektive	31
	6.2.3 Wertorientierte Perspektive	31
	6.3 Gestaltung des Arbeitsplatzes	32
	6.3.1 Fachliche Perspektive	32
	6.3.2 Soziale Perspektive	33
	6.3.3 Wertorientierte Perspektive	34
	6.4 Paten-/Mentorenprogramme	34
	6.4.1 Fachliche Perspektive	35
	6.4.2 Soziale Perspektive	35
	6.4.3 Wertorientierte Perspektive	36

6.5 Einführungs- oder Orientierungsveranstaltung	36
6.5.1 Fachliche Perspektive	36
6.5.2 Soziale Perspektive	37
6.5.3 Wertorientierte Perspektive	37
6.6 Einarbeitung am Arbeitsplatz	38
6.6.1 Fachliche Perspektive	38
6.6.2 Soziale Perspektive	39
6.6.3 Wertorientierte Perspektive	39
6.7 Abteilungsdurchläufe	40
6.7.1 Fachliche Perspektive	40
6.7.2 Soziale Perspektive	41
6.7.3 Wertorientierte Perspektive	41
6.8 Kunden- / Lieferantenbesuche	41
6.8.1 Fachliche Perspektive	42
6.8.2 Soziale Perspektive	42
6.8.3 Wertorientierte Perspektive	43
6.9 Feedback Gespräche	43
6.9.1 Fachliche Perspektive	44
6.9.2 Soziale Perspektive	44
6.9.3 Wertorientierte Perspektive	45
6.10 Zwischenergebnis	45
7 Systemische Anknüpfungspunkte	45
7.1 Systemische Haltungen	46
7.2 Systemische Methoden	47
7.2.1 In der Pre-Boarding-Phase	48
7.2.2 In der Boarding I – Konfrontationsphase	49
7.2.3 In der Boarding II – Orientierungsphase	52
7.2.4 In der Boarding III – Integrationsphase	59
8 Kritische Würdigung der Prozessinstrumente	65
9 Evaluierung und Qualitätssicherung des Prozesses	66
9.1 Zielsetzung	66
9.2 Vier-Ebenen-Modell	67
9.3 Direkte Messung und indirekte Methode	69
9.4 Fluktuation	70
9.5 Humankapital – Saarbrücker Formel	70
9.6 Zeitpunkt der Evaluierung	71
10 Rechtliche Aspekte des Onboardings	72
10.1 Probezeit	73
10.2 Geschäfts- und Betriebsgeheimnisse	74
10.3 Arbeits- und Gesundheitsschutz	75
10.4 Betriebliche Mitbestimmung	77
11 Diskussion und Handlungsempfehlungen	80
11.1 Diskussion	80
11.2 Handlungsempfehlungen	81

	11.2.1 Erster Arbeitstag	81
	11.2.2 Inner- und außerbetriebliche Netzwerkbildung	82
	11.2.3 Monitoring der gesetzlichen Wartezeit	82
	11.2.4 Einbindung des Betriebsrates	84
	11.2.5 Digitale Lösungen	84
12	Resümee	86
13	Neuere Entwicklungen	89
	13.1 Unternehmenskultur	90
	13.2 kununu Kulturkompass	92
	13.3 Cultural-Fit für Bewerber / Trainees	94
	13.4 Reboarding	96
	13.5 Onboarding-Umfrage 2019	98
	13.6 Gesetz zum Schutz von Geschäftsgeheimnissen	102
Literaturverzeichnis		104

Abbildungsverzeichnis

Abbildung 1: Verdichtete systemische Methodenübersicht — 13

Abbildung 2: Integrationsebenen des Onboarding Prozesses — 15

Abbildung 3: Übersicht über Bindungsfaktoren von Berufseinsteigern — 19

Abbildung 4: Zeitlicher Prozessablauf Onboarding — 23

Abbildung 5: Onboarding Instrumente — 27

Abbildung 6: Ausriss Einarbeitungsplan erste Woche — 52

Abbildung 7: Ablauf des Reflecting Teams — 62

Abbildung 8: Vier-Ebenen-Modell der Evaluation — 67

Abbildung 9: Saarbrücker Formel — 71

Abbildung 10: Übersicht Gefährdungsbeurteilung / Gesundheitsförderung — 76

Abbildung 11: Übersicht über die Mitwirkungsrechte des Betriebsrates — 78

Abbildung 12: Darstellung der Funktionalitäten myOnBoarding — 85

Abbildung 13: Kündigungsgründe von Fach- und Führungskräften — 91

Abbildung 14: Frühfluktuation — 92

Abbildung 15: Zusammenschnitt kununu Kulturkompass — 93

Abbildung 16: Auswertung Cultural-Fit Test — 95

Abbildung 17: Erweiterter Onboarding Prozess — 97

Abbildung 18: Feedback Gespräche in Unternehmen — 99

Abbildung 19: Übersicht über Evaluierung — 101

Abkürzungsverzeichnis

Abb.	Abbildung
App	Applikation
ArbSchG	Arbeitsschutzgesetz
BAG	Bundesarbeitsgericht
BDA	Bundesvereinigung der Deutschen Arbeitgeberverbände
BetrVG	Betriebsverfassungsgesetz
BGB	Bürgerliches Gesetzbuch
BR	Betriebsrat
EU	Europäische Union
Gen Y	Generation Y
Gen Z	Generation Z
GeschGehG	Gesetz zum Schutz von Geschäftsgeheimnissen
KMU	Klein- und mittelständische Unternehmen
KSchG	Kündigungsschutzgesetz
P-O-Fit	Person-Organization-Fit
P-J-Fit	Person-Job-Fit
SGB	Sozialgesetzbuch
SWOT	Strengths, Weaknesses, Opportunities, Threats

1 [1]Einleitung

Drei der größten betrieblichen Herausforderungen der nahen Zukunft sind die Bewältigung der Digitalisierung, der demografische Wandel und die fortschreitende Wertedynamik. Diese Herausforderungen führen insbesondere bei der Personalbeschaffung und der nachfolgenden Integration der neuen Mitarbeiter[1] zwingend zu einem Umdenken. Kein Unternehmen, insbesondere kein Klein- oder mittelständisches Unternehmen (KMU), kann es sich leisten, einen mit viel Aufwand rekrutierten Mitarbeiter innerhalb eines kurzen Beschäftigungszeitraumes zu verlieren oder eingeschränkt produktiv zu beschäftigen. (vgl. Scherm/Süß 2016 S. 9 ff.; Schmidt 2018, S. 14) Im Hinblick auf die Definition, was unter Klein- und mittelständischem Betrieb verstanden wird, geht der Verfasser von der KMU-Definition der Europäischen Kommission aus. Danach zeichnen sich diese Betriebe durch eine Anzahl von Beschäftigten von 10 bis 249, einem Umsatz von 2 bis 50 Millionen € im Jahr oder einer Bilanzsumme von 2 bis 43 Millionen € pro Jahr aus (vgl. KMU-Definition EU-Empfehlung 2003/361 aus IfM Bonn).

1.1 Ausgangslage und Problemstellung des Onboarding Prozesses für KMU

Für KMU stellt das effizient gestaltete Onboarding einen wesentlichen Wettbewerbs- und Überlebensfaktor dar. Moser et al. (2018) führen zum Begriff des Onboardings aus: „Maßnahmen der Organisation, die mit der (absehbaren) Aufnahme in die Organisation beginnen und nach längerer, aber noch überschaubarer Zeit enden. Inhalte können auch die Vermittlung von Kultur oder die Ermutigung von Proaktivität sein" (ebd., S. 4). Es geht darum, alle relevanten Informationen und (Unterstützungs-) Maßnahmen die die neuen Mitarbeiter benötigen, bereitzustellen. Primär wird dieser Prozess von der Personalabteilung gestaltet und begleitet. Die eigentliche Anwendung der Prozessinstrumente wird in den Fachabteilungen vorgenommen (vgl. Brenner 2014, S.

---

[1] Aus Gründen der besseren Lesbarkeit wird auf die gleichzeitige Verwendung männlicher und weiblicher Sprachformen verzichtet. Sämtliche Personenbezeichnungen gelten gleichermaßen für Frauen und Männer.

1). Gibt es aufgrund der Größe des Unternehmens keine eigene Personalabteilung, tritt an deren Stelle in den meisten Fällen der Geschäftsführer oder der kaufmännische Leiter.

Um den großen Herausforderungen der nahen Zukunft wie der Digitalisierung, dem demografischen Wandel und einer fortschreitenden Wertedynamik zu begegnen, bedarf es gut ausgebildeter neuer Mitarbeiter, die in einem immer schwierigeren Rekrutierungsprozess unter Einsatz von Personalmarketinginstrumenten, Active Sourcing und Employer Branding Maßnahmen für das Unternehmen gewonnen werden (vgl. Strutz, 2014, S. 2 ff). Dabei gilt es, die vielfach nicht vorhandene Bekanntheit der KMU durch eine attraktive Arbeitgeberpositionierung (Employer Brand) und einen Einstellungsprozess auf Augenhöhe auszugleichen. Gleichwohl zeigt sich bereits bei der Personalbeschaffung die Verringerung der Grundgesamtheit aller dem Arbeitsmarkt zur Verfügung stehenden Kräfte. Die aktuell auf dem Arbeitsmarkt aktive Generation Y (Gen Y) und die neu hinzutretende Generation Z (Gen Z), zeichnen sich unter anderem durch andere Wertvorstellungen aus. Gerade die Schlagworte „Work-Life-Balance" und „Digital Natives" sind eng mit der Gen Y verknüpft (vgl. Schüller/Steffen, 2017, S. 82 ff.).

Diese Herausforderungen gilt es aufzugreifen und zu nutzen. Dies durch einen Onboarding Prozess, der beidseitige Erwartungshaltungen berücksichtigt, flexibel ist und die bisher ausschließlich berücksichtigte Unternehmenssicht nur als eine Seite der Medaille betrachtet. Wenn es gelingt, die neuen Mitarbeiter überzeugend durch die einzelnen Phasen des Onboarding zu begleiten und ihnen die Möglichkeit zu eröffnen, Anpassungen während des Prozesses anzuregen und diese dann umzusetzen, spricht vieles für einen erfolgreichen Prozess (vgl. Schüller/Steffen, 2017, S. 76ff.). Diese Reflexionsarbeit wird in verschiedenen Maßnahmen angeregt, um zu einer nachhaltigen Integration zu kommen.

Nicht zur Zielgruppe des Onboardings gehören Zeitarbeitnehmer und freie Mitarbeiter. Sie sind aus Sicht des Unternehmens externe Mitarbeiter, d. h. sie verfügen nicht über einen Anstellungsvertrag in dem Unternehmen. (vgl. Moser et al. 2018, S. 17)

Da KMU nicht über die organisatorischen, zeitlichen und finanziellen Ressourcen wie beispielsweise Konzerne verfügen, gilt es, die passenden Integrationstools zu identifizieren und im Rahmen eines Regelprozesses zu etablieren. In diesem Buch werden der Prozessablauf und die gängigen Prozessinstrumente aus Personalsicht dargestellt. Im

Weiteren wird untersucht, ob mögliche systemische Ansätze zur Anwendung kommen können. Dabei wird sich zeigen, ob auch ganz neue Prozessinstrumente für das Onboarding bereitgestellt werden können. Im letzten Schritt werden rechtliche Aspekte betrachtet, eine Bewertung der Erkenntnisse und Tools im Hinblick auf die Anwendbarkeit in KMU vorgenommen und einige Handlungsempfehlungen durch den Verfasser ausgesprochen.

1.2 Vorgehensweise und Ziel

Das Ziel der Veröffentlichung ist es, den Onboarding Prozess, ausgewählte Prozessinstrumente und mögliche systemische Anknüpfungspunkte darzustellen. Dabei werden die drei Ebenen der Integration, die unterschiedlichen Zielgruppen des Prozesses und systemische Ansatzpunkte untersucht. Für die Darstellung wurden umfangreiche Literaturrecherchen durchgeführt. Die Ergebnisse münden in der konkreten Verwendung einzelner systemischer Methoden in personalwirtschaftlichen Integrationsmaßnahmen.

Im Mittelpunkt steht folgende forschungsleitende Frage:

Welche systemischen Ansatzpunkte unterstützen einen erfolgreichen Onboarding Prozess?

Dabei gilt es, nachfolgende Unterfragen zu beantworten:

- Welche Probleme stellen sich im Onboarding Prozess?
- Welche guten Lösungen werden bereits angewendet?
- Wie können systemische Ansatzpunkte wirksam werden?
- Welche Beispiele belegen wirksame systemische Ansätze?
- Welche spezifischen Themen stellen sich für bestimmte Mitarbeitergruppen?

2 Systemisches Denken, Grundhaltungen und Methoden

Den Grundlagen für eine systemische Sichtweise und Haltung, dem systemischen Denken, liegen die Systemtheorien zugrunde. Sie haben Einfluss auf unterschiedliche wissenschaftliche Disziplinen. Die Anwendung auf Organisationen als sogenannte soziale Systeme wurde seit den 80er Jahren durch die Veröffentlichungen von Niklas Luhmann u. a. in *Soziale Systeme - Grundriß einer allgemeinen Theorie (2015)* maßgeblich geprägt. Simon (2015) bietet nachfolgende Definition des systemischen

Denkens an: „Systemisches Denken verwendet Erklärungen, die sich aus der Systemtheorie ableiten lassen, und das heißt konkret: An die Stelle geradlinig-kausaler Erklärungen treten zirkuläre Erklärungen, und statt isolierter Objekte werden Relationen und Interaktionen betrachtet." (ebd., S. 5)

Bezogen auf eine Organisation als soziales System bedeutet das, dass keine gradlinigen Ursache-Wirkungs-Erklärungen greifen, sondern zirkuläre Ursache-Wirkungs-Erklärungen. Dabei spielt die Autopoiese, d. h. die Veränderung in der Organisation aus sich selbst heraus, eine wichtige Rolle (vgl. Baraldi 2015, S. 29 ff.). Die Organisation ist als autopoietisches System strukturdeterminiert. Dies bedeutet, dass die Organisation nicht von außen begrenzt ist, „sondern dass sie sich immer und ausschließlich aufgrund ihrer aktuellen internen Strukturen und Prozesse [verhält]" (Simon 2015, S. VIII). Die systemischen Merkmale von Organisationen sind nach Wilke (2007), Strukturen, Prozesse und Regelsysteme. Bedeutsam ist die Tatsache, dass Organisationen lernen können. Organisationales Lernen bedeutet, relevante Informationen in die Strukturen, Prozesse und Regelwerke einzubauen (vgl. ebd., S. 59). Dies ist eine der Grundvoraussetzungen für die erfolgreiche Anwendung von systemischen Methoden im Onboarding Prozess. Soziale Systeme sind Kommunikationssysteme. Dabei sind mindestens zwei Teilnehmer notwendig; einer der eine Information gibt und einer der sie versteht. Diese Kommunikation wird als „Operation" bezeichnet und stellt das Letztelement sozialer Systeme dar. Das soziale System besteht solange fort, wie die Kontinuität der Kommunikation anhält. Wird die Kommunikation nicht fortgesetzt, endet das soziale System (vgl. Simon 2015, S. 109, 2014, S. 24). Dies erklärt sich dadurch, dass in Organisationen die Kommunikation aus kommunizierten Entscheidungen besteht. „In Unternehmen ist vor allem bedeutsam, was in irgendeiner Weise entscheidungsrelevant ist." (Schlippe/Schweitzer 2016, S. 135) Werden in einer Organisation keine Entscheidungen mehr gefällt, wird sie ihren Betrieb einstellen.

Organisationen verändern sich nicht nur durch offizielle Change-Projekte, dies geschieht auch durch andere Einflussgrößen, wie beispielsweise der Eintritt eines neuen Mitarbeiters. Dies führt nicht nur beim neuen Mitarbeiter zu Veränderungen, sondern auch innerhalb der Organisation, die sich durch seine Integration verändert. Weitere Beispiele wären die Erschließung neuer Absatzmärkte im Ausland oder die Einführung neuer Technologien (vgl. Krizanits 2015, S. 20ff.).

Eine systemische Grundhaltung zeichnet sich dadurch aus, dass Mitarbeiter in ihrem Systemzusammenhang zur Organisation betrachtet werden und eine offene, gleichberechtigte Beziehung angestrebt wird. Dabei gilt es, die Person und das bisherige Verhalten wertzuschätzen, ohne es inhaltlich gut finden zu müssen. Als systemischer Berater sind darüber hinaus die Haltungen des Eingebunden seins, des Nichtwissens und des Nichtverstehens wichtig (vgl. Barthelmess 2016, S. 88). Diese Haltungen werden nachfolgend nicht weiter erklärt, da dies den Rahmen der Ausführungen sprengen würde. Der Verfasser weist auf die ausführlichen Ausführungen von Barthelmess (2016) zu dieser Thematik hin. Bartsch (2016) beschreibt in seinem Buch über die Passung und Anpassung von Person und Organisation die systemische Sicht wie folgt:

> *„Eine Person, ihre Arbeitsstelle, ihre Arbeitsaufgaben, die sie beschäftigende Organisation, ihre Vorgesetzte oder ihr Vorgesetzter, ihre Kolleginnen und Kollegen, ihre Teams und ihre Kunden sollen nachfolgend – in Anlehnung an die Systemtheorie – als Elemente der Passung bezeichnet werden."* (ebd., S. 11)

Unter dem Begriff systemische Methoden lassen sich eine Reihe von Verfahrensweisen aufzählen, die in der Arbeit mit Organisationen, wie beispielsweise in der Organisationsentwicklung oder -beratung oder im therapeutischen Umfeld eingesetzt werden. Im Rahmen dieses Buches werden ausgewählte Methoden im Hinblick auf die Anwendung zur Verbesserung des Onboarding Prozesses untersucht.

Abb. 1: Verdichtete systemische Methodenübersicht (eigene Darstellung)

3 Intention des Onboardings

Der neue Mitarbeiter soll sich schnell in seine neuen Aufgaben einarbeiten können und eine Bindung zu der Organisation aufbauen. Es gilt, möglichst zeitnah das volle Leistungspotential des Mitarbeiters zu heben und den Rahmen für eine motivierende Arbeitsumgebung zu schaffen. Der Mitarbeiter soll sich am Arbeitsplatz, im Team und in der Organisation wohlfühlen. Dies soll zu einer Personalbindung führen und ungewollte Mitarbeiterfluktuation, die als Frühfluktuation bezeichnet wird, verhindern. (vgl. Meier 2018, S. 109ff.)

Der Person-Organization-Fit (P-O-Fit), d. h. die Übereinstimmung von Personen und Organisationen, für die Erstere arbeiten, wird vor allem in der Boarding Phase ausgeprägt (vgl. Lohaus/Habermann, 2016, S. 81). Der Integrationsprozess soll durch entsprechende Instrumente erfolgreich gestaltet werden.

Von Passung einer Person bezogen auf die Arbeitsstelle, die Arbeitsaufgaben und die Organisation (P-J-Fit) mit ihren aus Sicht des neuen Mitarbeiters beschäftigten Kollegen, Vorgesetzen und Kunden, spricht Bartsch (2016). Dabei wird in kongruente und komplementäre Passung unterschieden. Beide Konzepte können für eine Passung erfolgreich angewandt werden. (vgl. ebd., S. 11ff.)

Die Erfolgsmerkmale gelungener Integration beschreiben Lohaus/Habermann (2016) wie folgt:

> *„... die Arbeitsleistung in der neuen Position, die Integration in das Team der Kollegen, die Identifikation mit dem Unternehmen und das Geschick angemessen im Unternehmen zu agieren; außerdem Arbeitszufriedenheit und die Absicht, im Unternehmen zu bleiben, sowie der faktische Verbleib." (ebd., S. 10f)*

Nicht erfolgreiche Integration zeigt sich in einer kurzen Betriebszugehörigkeit des neuen Mitarbeiters. Die Gründe für die Kündigung entstehen oftmals in den ersten Wochen der Beschäftigung. Es sind vielfach falsche Erwartungshaltungen, mangelnde Identifikation und eine nicht zustande kommende soziale Einbindung in die Organisation. (vgl. Meier 2018, S. 113)

3.1 Übersicht der Integrationsebenen

Abb. 2: Integrationsebenen des Onboarding Prozesses im Unternehmen (eigene Darstellung)

3.2 Fachliche Integration

Im Vordergrund der fachlichen Integration stehen die Rolle und die Aufgaben des neuen Mitarbeiters. Es geht darum, möglichst schnell das eigene Leistungspotenzial zu entfalten, die Arbeitsaufgaben zu bewältigen und die vorgesehene Rolle innerhalb der Organisation einzunehmen. Dazu ist es erforderlich, „… nicht nur Kenntnisse der Branche, Unternehmen und das Arbeitsgebiet, sondern auch vor- und nachgelagerte Arbeitsschritte [zu kennen]. Neben der fachlichen direkten Einarbeitung ist es wichtig, dass der Mitarbeiter die Sinnhaftigkeit und Verantwortung seiner Tätigkeit im Unternehmensziel und ganzheitlichen Prozess erkennt." (Meier, 2018, S. 115)

Voraussetzungen sind dafür, die Unternehmenszielsetzungen und die Aufgabeninhalte der Position zu verstehen und benötigte Fachkompetenzen aufzubauen und umzusetzen. Dabei geht es auch darum, eine Routine in der Abwicklung zu etablieren, die dem neuen Mitarbeiter Sicherheit vermittelt (Lohaus/Habermann 2016 S. 15). Der neue Mitarbeiter sollte in der Lage sein, innerhalb der Organisation mit Kollegen und Vorgesetzten und außerhalb mit Dienstleistern, Lieferanten und Kunden erfolgreich zu kommunizieren. Gemeint ist eine zielgerichtete Kommunikation betreffend die von ihm zu erfüllenden Aufgaben. (vgl. ebd., S. 102; ähnlich Brenner 2014, S. 7)

Die fachliche Integration wird durch das gemeinsame Tun innerhalb der Abteilung, des Teams oder der Arbeitsgruppe initiiert. Dabei unterstützen die Kollegen durch die Bereitstellung von Faktenwissen. Es kann eine Unterscheidung bei der Weitergabe bzw. Vermittlung der Informationen dahingehend getroffen werden, ob diese notwendig oder nützlich für die Bewältigung der Arbeitsaufgaben sind (vgl. Huber 2018, S. 154). Von Bedeutung ist, dass die Vorgesetzten darauf achten, dass weder eine Überflutung mit Informationen noch eine unzureichende Weitergabe stattfindet. Ersteres könnte zu einer Überforderung führen, letzteres zu einer Demotivation (vgl. Schmidt, 2018, S. 30).

3.3 Soziale Integration

Die vorher beschriebene fachliche Integration ist nur möglich, wenn parallel, quasi arbeitsbegleitend, eine soziale Integration stattfindet. Dabei geht es darum, dass der neue Mitarbeiter mit seinen Kollegen, dem Vorgesetzten, aber auch mit Personen an den betrieblichen Schnittstellen kommuniziert und eine beidseitige konfliktfreie Zusammenarbeit möglich ist. (vgl. Meier 2018, S. 115; Holtbrügge 2018, S. 140)

Neuen Mitarbeitern werden erst dann die tiefer liegenden Elemente einer Kultur nahegebracht, wenn sie einige Zeit in der Organisation tätig sind und sich eine gefestigte Position innerhalb ihrer Arbeitsgruppe erarbeitet haben (vgl. Schein 2018, S. 10ff.).

Brenner (2014) bringt es auf den Punkt: „Erst wenn der Mitarbeiter als Teil der Gemeinschaft akzeptiert wird und ein „Wir-Gefühl" entwickelt hat, kann von einer erfolgreichen sozialen Integration gesprochen werden." (ebd., S. 8) Zur sozialen Integration gehört auch die Fertigkeit, sich innerhalb des informellen Netzwerkes und den Machtstrukturen innerhalb einer Organisation zu bewegen und sie für sich zu nutzen (vgl. Lohaus/Habermann 2016, S. 28).

3.4 Werteorientierte Integration

Eine werteorientierte Integration drückt sich am Commitment des Mitarbeiters gegenüber der Organisation aus. Damit ist vor allem die Passung zur Unternehmenskultur gemeint. Wenn Mitarbeiter sich mit den Normen und Werten der Organisation identifizieren, d. h. eine Übereinstimmung der persönlichen Werte mit denen der Organisation haben, sind sie bereit, sich für die Organisation einzusetzen und möchten in dieser auch zukünftig arbeiten. (vgl. Moser et al. 2018, S. 41) In diesem Zusammenhang spricht Kriegler (2018) im Hinblick auf die Identifikation von Mitarbeitern mit ihrer Organisation von der „…wirklich harte[n] Währung für den Erfolg des Unternehmens." (ebd., S. 121) Dies bestätigt Schmidt (2018) mit Hinweis auf zahlreich durchgeführte Studien (ebd., S. 29). Damit dieser Erfolg eintritt ist es entscheidend, ob sich das im Rahmen des Einstellungsprozesses vermittelte Unternehmensleitbild und die damit verbundene Unternehmenskultur im Rahmen des Onboarding Prozesses für den Mitarbeiter bestätigen (vgl. Meier 2018, S. 116).

> *„Die Frage, wer sich wem anzupassen hat – das Individuum den sozialen (=kommunikativen) Strukturen oder die sozialen Strukturen den Individuen? – kann in Organisationen klar beantwortet werden. Im Zweifel werden Manager und Führungskräfte ausgetauscht und alles wird weiter gemacht wie bisher. Die Spieler sind leichter auszutauschen als die Spielregeln zu verändern."* (Simon, 2014, S. 70)

4 Zielgruppen des Onboardings aus Unternehmenssicht

Im Rahmen der Personalbeschaffung ist eine Zielgruppendefinition heutzutage unumgänglich. Um erfolgreich agieren zu können, sind die einzelnen Maßnahmen des Personalmarketings zielgruppenspezifisch zu planen (vgl. Kriegler, 2018, S. 32ff). Gleiches sollte für die Planung von Onboarding Prozessen gelten. Dabei geht es nicht um den Prozess an sich, sondern um den Einsatz von bestimmten Prozessinstrumenten für spezielle Zielgruppen (vgl. Meier, 2018, S. 120).

In der betrieblichen Praxis ist festzustellen, dass in Unternehmen vielfach keine Differenzierung nach Zielgruppen vorgenommen wird. Der Onboarding Prozess, wenn er denn etabliert ist, gilt vielfach für alle neu eintretenden Mitarbeiter gleich. Dies führt dazu, dass die Besonderheiten einer Zielgruppe nicht ausreichend gewürdigt werden und der Nutzen des Onboarding Prozesses nicht seine volle Wirkung entfalten kann. (vgl. Lohaus/Habermann 2006, S. 51)

Der Onboarding Prozess wird als originäre Führungsaufgabe den Führungskräften des Unternehmens übertragen. Damit steht und fällt der Prozess mit den Fähigkeiten der Führungskraft, dies bedeutet mit dem entsprechenden Vorgesetzten. Nimmt sich dieser nicht die Zeit und kann nicht auf einen ausgearbeiteten Prozessablauf der vom Personalbereich oder einem externen Berater entwickelt wurde, zurückgreifen, endet das Onboarding vielfach bereits in der klassischen Boarding-Phase und umfasst oft nur einen Einarbeitungsplan. (vgl. Moser et al. 2018, S. 79ff.; teilweise Brenner 2014, S. 1ff.)

4.1   Zukünftige Führungskräfte

Unter Führungskräften werden die Mitarbeiter verstanden, deren Aufgabe darin besteht ein Team, eine Abteilung oder eine anders zusammengesetzte Organisationseinheit zu „führen". Damit ist die hierarchische Verortung als Vorgesetzter verbunden und eine Sanktionsmacht die es erlaubt, nicht gewünschtes (betriebliches) Verhalten zu sanktionieren. Darüber hinaus sind Führungskräfte weisungsbefugt und haben im Vergleich zu den von ihnen geführten Mitarbeitern einen größeren Einfluss auf die Abläufe in Unternehmen (vgl. Lohaus/Habermann 2016, S. 52; zu Führungsrollen Weibler 2016, S.149 ff.; Bartscher/Nissen 2017 S. 108ff.). Sie verfügen bereits über Berufserfahrung und haben verschiedene Organisationen und damit den Onboardingprozess bereits mehrfach durchlaufen. Daher gilt es, diesen Führungskräften einen umfassenden Überblick über das gesamte Unternehmen, klare Zielvorgaben sowie formelle und informelle Strukturen durch geeignete Onboarding Maßnahmen zu vermitteln. (vgl. Brenner 2014, S. 23)

Die internationalen Berater von AvS Bühring-Uhle und Fleischmann (2019) sehen das Onboarding als kritischen Erfolgsfaktor für Führungskräfte.

> *„Der Start einer Führungskraft in einer neuen Position ist ein kritischer Moment im Leben der Führungskraft und auch des Unternehmens. Doch während der Auswahl dieser Führungskraft in einem umfassenden Suchprozess oft große Energie und Aufmerksamkeit geschenkt wird, ist es ... genauso wichtig sicherzustellen, dass die Führungskraft tatsächlich darauf vorbereitet ist, in der neuen Rolle erfolgreich zu sein."* (ebd., S.2)

4.2 Zukünftige Mitarbeitende

Die Hauptgruppe für die ein Onboarding Prozess etabliert wird, ist die der "normalen" Mitarbeiter. Bei näherer Betrachtung zeigt sich, dass diese Gruppe sich durch eine heterogene Zusammensetzung auszeichnet. Es handelt sich hierbei um Mitarbeiter, die als Berufseinsteiger, Berufserfahrene, Wiedereinsteiger oder Rückkehrer aus dem Ausland eingestellt werden. Die intensivste Betreuung sollte den Berufseinsteigern zu Teil werden. Hierbei handelt es sich um Personen, die entweder eine Berufs-/ oder Hochschulausbildung abgeschlossen haben. (vgl. Meier 2018, S. 120) In einer von der Jobbörse Stepstone durchgeführten Studie *Karrierestart* (2017) wurden rund 3000 Berufseinsteiger nach ihren Präferenzen im Hinblick auf die Bindung zum Arbeitgeber befragt. Das Statistik Portal Statista (2017) veröffentlicht hierzu nachfolgende Grafik:

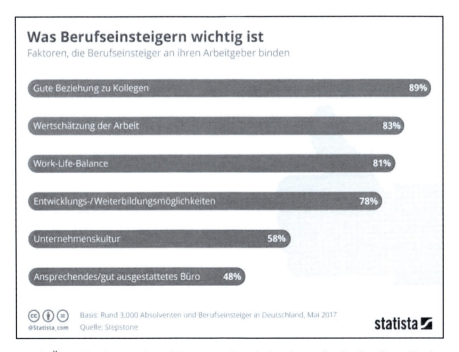

Abb. 3: Übersicht über Bindungsfaktoren von Berufseinsteigern, Quelle: StepStone Karrierestart

Auffallend ist, dass die Vergütung nicht zu den wichtigsten Faktoren zählt. Die sozialen Komponenten der guten Beziehungen, die Wertschätzung der Arbeit, Work-Life-Balance und die Unternehmenskultur belegen vier der sechs meistgenannten Faktoren. Gerade diese lassen sich im Onboarding Prozess sehr gut berücksichtigen.

Bei Berufserfahrenen kann regelmäßig davon ausgegangen werden, dass sie einen Großteil der Tätigkeiten bereits kennen und schnell operative Aufgaben übernehmen können. Hier stellt sich verstärkt das Thema der sozialen Integration im Rahmen des Onboardings. Nicht zu unterschätzen ist jedoch, dass ein von sich und seiner Leistung überzeugter, berufserfahrener Mitarbeiter manche Onboarding Maßnahmen als nicht zielführend empfindet. Lohaus/Habermann (2016) gehen soweit, dass Sie diesen Punkt als mögliche Soll-Bruchstelle in der Integration sehen.

> *„Wie er [der Berufserfahrene] sich Integrationsmaßnahmen gegenüber verhält, das heißt, ob er ihm angetragene Aktivitäten gern und offen annimmt oder als überflüssig bzw. gar demütigend unterstellt, wird hauptsächlich davon bestimmt, wie er sich einschätzt. Jemand mit Erfolgserfahrung wird Maßnahmen, die objektiv angebracht wären, an denen sich zu beteiligen er aber für unter seiner Würde hielte, nicht ernst nehmen und deshalb nicht optimal von ihnen profitieren"* (ebd., S. 55)

4.3 Zukünftige Mitarbeitende mit Handikap

Zum 31. Dezember 2015 lebten rund 7,6 Millionen schwerbehinderte Menschen in Deutschland. Bezogen auf die Gesamtbevölkerung waren damit 9,3 % schwerbehindert. Davon waren 43,4 % und somit 3,3 Millionen Menschen im erwerbsfähigen Alter (Statistik der Bundesagentur für Arbeit 05.2018).

Für Unternehmen stellt die Gruppe der Mitarbeiter mit einem Handikap, je nach Branche und Tätigkeitsfeld unterschiedlich, eine wichtige Mitarbeitergruppe dar. Neben der Besetzung von offenen Positionen kommt der sozialen Verantwortung und der gesetzmäßigen Verpflichtung zur Beschäftigung Schwerbehinderter ein stetig steigender Stellenwert zu.

Bei mehr als 20 Arbeitsplätzen in einem Unternehmen ist der Arbeitgeber gemäß Sozialgesetzbuch (SGB) IX, § 154 verpflichtet, mindestens 5 % der Arbeitsplätze mit schwerbehinderten Menschen zu besetzen. Wird dieser Verpflichtung nicht nachgekommen, so ist durch den Arbeitgeber eine Ausgleichsabgabe (SGB IX § 160) zu zahlen.

Nicht allein vor dem Hintergrund der demografischen Entwicklung und des damit einhergehenden Fachkräftemangels sollte diese Mitarbeiterarbeitergruppe in die Rekrutierungsüberlegungen und damit in einen besonderen Onboarding Prozess mit einbezogen werden. Gerade die Beschäftigten mit Handikap zeichnen sich oftmals durch großes Engagement und eine überdurchschnittliche Leistungsbereitschaft aus (vgl. Meier 2018, S. 122; Lohaus/Habermann 2016, S. 111). Sie können beispielsweise helfen, Ideen für neue Produktvarianten speziell für die größer werdende Gruppe der schwerbehinderten Konsumenten zu entwickeln.

Die Einsatzmöglichkeiten sind sehr vielfältig, werden auf die besonderen Belange der jeweiligen Einschränkung Rücksicht genommen und entsprechende Rahmenbedingungen geschaffen. Vorbildlich lässt sich exemplarisch das Software-Unternehmen SAP nennen, welches seit 2013 international das Programm „Autism at work" durchführt. Menschen mit Autismus werden als Softwaretester, Programmierer oder als Spezialisten für Datenqualitätssicherung ausgebildet und eingesetzt (Schmitz 2016 o. S.).

Das Onboarding Programm sollte hier neben der Berücksichtigung der Einschränkung vor allem auch den sozialen Aspekt der Integration bzw. Inklusion berücksichtigen. Das Unternehmen profitiert nicht nur durch einen positiven Reputations- und Imageeffekt, sondern fördert die sozialen Kompetenzen aller Mitarbeiter. (vgl. Meier 2018, S. 122; Lohaus/Habermann 2016, S. 63ff.)

Eher verhalten betrachten Moser et al. (2018) die Beschäftigung von „Behinderten" mit dem Hinweis auf den Umstand, dass eine Beschäftigung in den Unternehmen noch keine Selbstverständlichkeit darstellt. Positiv werden Einzelinitiativen gewertet, in denen Organisationen aufgerufen werden, die Integrierbarkeit von behinderten Menschen zu prüfen. (vgl. ebd., S. 9 ff.)

Für die praktische Umsetzung der Integration stehen auch staatliche Stellen wie die Integrationsämter und die Bundesagentur für Arbeit zur Verfügung. Diese unterstützen inhaltlich mit ihrer Expertise und mit Fördergeldern. Darüber hinaus hat der schwerbehinderte Mensch Anspruch auf Leistungen zur Teilhabe am Arbeitsleben (SGB IX, § 49 ff.).

4.4 Zukünftige Mitarbeitende aus Nicht-EU-Ländern

Bei der Gruppe der zukünftigen Mitarbeiter aus Nicht-EU-Ländern sind vor Einstellung drei wesentliche Punkte zu klären: Arbeitserlaubnis und Aufenthaltsgenehmigung, Abgleich der Qualifikation mit den Kompetenzanforderungen, Ausreichende sprachliche Kompetenzen. (vgl. Lohaus/Habermann 2016, S. 116)

Jeder Drittstaatsangehörige, d. h. Personen außerhalb der EU-Mitgliedstaaten benötigt eine Arbeitserlaubnis und eine Aufenthaltsgenehmigung, um in der Bundesrepublik Deutschland arbeiten zu können. Beschäftigt ein Arbeitgeber einen ausländischen Arbeitnehmer unerlaubt, kann dies eine Geldbuße von bis zu 500.000 Euro nach sich ziehen (§ 404 Abs. 2 Nr. 3 SGB III). Auch der ausländische Arbeitnehmer muss mit einer Geldbuße von bis zu 5.000 Euro rechnen (§ 404 Abs. 2 Nr. 4 SGB III). Eine beharrliche Wiederholung wird bei beiden Akteuren als Straftat gewertet und kann mit Gefängnisstrafen geahndet werden (§ 11 Abs. 1 Nr. 2a und 2b SchwarzArbG). Die benötigte Arbeitserlaubnis ist vom Arbeitnehmer und Arbeitgeber bei der Agentur für Arbeit zu beantragen.

Aufgrund unterschiedlicher Ausbildungs- und Hochschulabschlüsse sind diese im Rahmen des Bewerbungsprozesses auf ihre Vergleichbarkeit zu deutschen Abschlüssen zu prüfen. Hier unterstützen die regionalen Industrie- und Handelskammern sowie die Handwerkskammern. Nur wenn die im Ausland erworbenen fachlichen Qualifikationen und Kompetenzen mit den Anforderungen an die ausgeschriebene Position übereinstimmen sollte die Bewerbung weiterverfolgt werden. (vgl. Lohaus/Habermann 2016, S. 116)

Gerade in kleineren und mittleren Unternehmen ist die Beherrschung der deutschen Sprache eine wichtige Voraussetzung für eine Tätigkeit. Werden bereits ausländische

Mitarbeiter beschäftigt und können diese als Dolmetscher fungieren, sollte als spezielle Onboarding Maßnahmen ein zusätzlicher Sprachkurs angeboten werden.

Im eigentlichen Onboarding Prozess ist besonders darauf zu achten, dass die soziale Integration einen hohen Stellenwert einnimmt. Dazu gehören auch kulturelle und religiöse Gewohnheiten. Für diese Zielgruppe wird im gesamten Prozess der Integration eine intensivere Begleitung notwendig. (vgl. Meier 2018, S. 120 mit Bezug zu Migranten; Moser et al. 2018, S. 8 ff.)

5 Prozessablauf Onboarding

Der Onboarding Prozess kann in vier Phasen unterteilt werden. Dabei ist zu beachten, dass sich die einzelnen Phasen nicht klar voneinander abgrenzen lassen. Sie gehen zumindest ab der Boarding I Phase ineinander über und laufen teilweise parallel.

5.1 Zeitlicher Ablauf

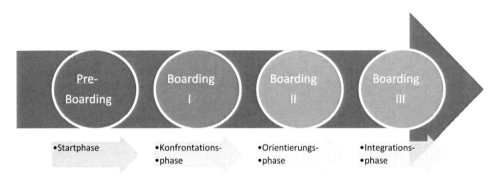

Abb. 4: Zeitlicher Prozessablauf Onboarding (eigene Darstellung)

5.2 Pre-Boarding-Phase

Die Pre-Boarding-Phase geht dem eigentlichen Onboarding voraus. Sie beginnt nach Unterzeichnung des Arbeitsvertrages und endet mit der Arbeitsaufnahme am ersten Arbeitstag. Dem neuen Mitarbeiter ist zu signalisieren, dass er willkommen ist und sich die Organisation auf seinen Eintritt vorbereitet hat (vgl. Lohaus/Habermann 2016, S. 24, ähnlich Brenner 2014, S.7). An diesem Punkt zeigt sich bereits die Professionalität des Unternehmens im Umgang mit seinen neuen Mitarbeitern (vgl. Bartscher/Nissen 2017, S. 454). Notwendige Vorbereitungen sind unternehmensintern zu treffen und gleichzeitig ist der Kontakt zum zukünftigen Mitarbeiter aufrechtzuerhalten. Bedeutsam ist es, für den neuen Mitarbeiter zusätzliche Informationen bereitzustellen. Dies betrifft insbesondere einen erstellten Einarbeitungsplan und die organisatorischen Hinweise für den ersten Arbeitstag betreffend den Arbeitsbeginn, den Arbeitsort und den Ansprechpartner (vgl. Lohaus/Habermann 2016, S. 127). Eine systematische Integration beginnt bereits vor Arbeitsantritt und umfasst mehr als formale Programme (vgl. ebd., S. 101).

In der Personalforschung wird die Bereitstellung von relevanten Informationen vor Arbeitsantritt als sinnvoll betrachtet. Diese sollte auch einen „Realistic Job Preview" umfassen. Damit ist die Kommunikation bezüglich der tatsächlichen Arbeitsbedingungen gemeint. Offenheit und Wahrheit helfen, einer überzogenen Erwartung am ersten Arbeitstag entgegen zu wirken. (vgl. Biemann/Weckmöller 2014, S. 49)

5.3 Boarding-Phasen I – III

Die Bording-Phasen sind das konkrete Onboarden d. h. die beginnende Integration in das Unternehmen. Zeitlich kann noch eine Differenzierung vorgenommen werden, obwohl die einzelnen Phasen nicht klar abgrenzbar sind und ineinander übergehen sowie teilweise parallel verlaufen.

5.3.1 Boarding I – Konfrontationsphase

Der erste Arbeitstag stellt den Beginn der Konfrontationsphase dar. In dieser lernt der Mitarbeiter sein neues betriebliches Umfeld, seinen Arbeitsplatz sowie die zukünftigen Kollegen und den Vorgesetzten kennen (vgl. Meier 2018, S. 118; Bartscher/Nissen 2017, S. 454). Dabei spielt der erste Eindruck eine wesentliche Rolle für die kommende Integration in die Organisation. Bereits früh wies Kieser (1990) auf mögliche Defizite des Integrationsmanagements hin: „Der neue Mitarbeiter gewinnt den Eindruck, dass Aufmerksamkeit und Interesse, die ihm als Bewerber gegenübergebracht wurden, in dem Augenblick erlöschen, in dem er seine Arbeit beginnt." (ebd., S. 1 zitiert aus Schmidt

2018, S. 12) Scherm/Süß (2016) weisen darauf hin, dass gerade am ersten Tag mit dem ersten Eindruck vielfach destabilisierende Erfahrungen gemacht werden (vgl. ebd., S. 70). Diese gilt es zu vermeiden, damit die weitere Sozialisation erfolgreich verlaufen kann (vgl. Meier 2018, S. 118).

5.3.2   Boarding II – Orientierungsphase

Die Orientierungsphase beginnt gleichfalls am ersten Arbeitstag und endet ungefähr im dritten Monat der Tätigkeit. Eine taggenaue Abgrenzung ist nicht möglich. Sie ergibt sich u. a. aus der Funktion des Mitarbeiters. In dieser Phase erhält er einen ersten Überblick über die Organisation, ihre Geschichte, Struktur, Strategie, Mission und Leitbild. Ferner lernt er seine Kollegen und möglicherweise wichtige Ansprechpartner von anderen Abteilungen kennen. In diese Phase fallen auch Orientierungsveranstaltungen, die die Organisation für alle neuen Mitarbeiter aus allen Organisationsbereichen gemeinsam durchführt. Es gilt zusammenfassend, dass der Mitarbeiter das Unternehmen, die Kollegen, seine Tätigkeiten und die Abläufe kennenlernt. (vgl. Lohaus/Habermann 2016, S.132 ff.; Meier 2018, S. 118)

Ein ausgesprochen wichtiger Aspekt ist das Kennenlernen der Unternehmenskultur (vgl. Bartscher/Nissen 2017, S. 454). Schein (2018) prägt in diesem Zusammenhang den Begriff der „kulturellen DNA" einer Organisation. „Kultur impliziert, dass Rituale, Werte und Verhaltensweisen zu einem kohärenten Ganzen verbunden sind und dieses Muster oder diese Integration ist die Essenz dessen, was wir mit „Kultur" meinen." (ebd., S. 10) Schmidt (2018) postuliert, dem Mitarbeiter einen „gelungenen Karrierestart zu ermöglichen", der nach ihrer Auffassung zu einer Win-Win-Situation Unternehmen und Mitarbeiter führt. (ebd., S. 13)

5.3.3   Boarding III – Integrationsphase

Diese Phase schließt sich der Orientierungsphase an und ist zeitlich zwischen dem dritten bis 12. Monat anzusiedeln. Der Mitarbeiter wird stärker integriert und sozialisiert, wobei er weitergehende Aufgaben und Verantwortung übernimmt. In dieser Phase sollten die gegenseitigen Erwartungshaltungen regelmäßig abgeglichen werden, um Abweichungen festzustellen und zu beheben (vgl. Bartscher/Nissen 2017, S. 454). Mehrere Autoren vertreten die Auffassung, dass diese Phase lediglich einen Zeitraum bis zum Ablauf des sechsten Monats und damit das Ende der Probezeit umfasst. Die Argumentation, dass dann der Kündigungsschutz greift (§ 1 Abs. 1 Kündigungsschutzgesetz), ist nach Auffassung des Autors kein nachvollziehbarer Grund für die Beendigung der Integrationsphase. Vielmehr zeigt die betriebliche Praxis, dass ein Mitarbeiter erst nach einem vollen Jahr der Betriebszugehörigkeit den wiederkehrenden innerbetrieblichen Zyklus durchlaufen hat. Vergleichbar mit der Natur gibt es in jedem Quartal wiederkehrende spezifische Aufgaben. Gerade diese sind es, die einmal ausgeführt worden sein sollten, bevor man von einem Abschluss der Integration sprechen sollte. Besonders deutlich wird dies bei der Einstellung eines Buchalters zu Beginn des Jahres. Erst wenn er einmal alle Phasen des Jahresabschlusses, sowie des Halbjahresabschlusses und sämtliche Meldungen an Behörden, Verbände und ähnlichen bearbeitet hat, kann von einem (vorläufigem Abschluss) der Integrationsphase gesprochen werden. Vereinzelte Stimmen im Schrifttum sehen dann diese Phase durchaus auch erst nach mehr als einem Jahr abgeschlossen.

Mit der Integrationsphase soll neben den anzuwendenden Instrumenten insbesondere das Bewusstsein der Verantwortlichen für die Integration insoweit geschärft werden, dass Sie auch noch zeitlich weit nach Beendigung der Probezeit ihren Fokus auf den „neuen Mitarbeiter" richten.

6   Prozessinstrumente – Maßnahmen (Integrationsaktivitäten)

Im Weiteren werden ausgewählte Maßnahmen zur Integration von Mitarbeitern in KMU vorgestellt. Sie üben jede für sich eine Kernfunktion aus, erfüllen darüber hinaus aber auch weitergehende Ziele (vgl. Moser et al. 2018, S. 63). „Man könnte auch sagen, sie haben verschiedene Funktionen, etwa Wissen und Orientierung zu vermitteln, Lernen und Leistungserbringung zu fördern sowie ein Gefühl der Zugehörigkeit und Akzeptanz bzw. Wertschätzung zu vermitteln." (ebd., S. 63) Die Integration von neuen Mitarbeitern findet auf drei Integrationsebenen statt. Die jeweiligen Perspektiven werden pro Maßnahme dargestellt.

Nachfolgend die exemplarisch ausgewählten Maßnahmen und ihre Auswirkungen auf die drei Ebenen. Dabei wird die Maßnahme kurz beschrieben und dann die Auswirkungen auf die einzelne Integrationsebene ausgeführt. Dabei wurde die Auswahl mit Blick auf KMU getroffen und von einer Reihe weiterer nützlicher Maßnahmen, wie bspw. Projektarbeit, Zielvereinbarungen oder externes Coaching, die in größeren Unternehmen Anwendung finden, abgegrenzt. (vgl. Brenner 2014, S. 8 ff.)

Meier (2018) weist daraufhin, dass nicht alle Ebenen der Integration gleichzeitig bzw. bei allen Maßnahmen im Fokus stehen. Dies ist nach seiner Meinung abhängig von der Person, dem Betrieb und den Aufgaben. Vielfach wird vordergründig auf eine Ebene abgestellt, wobei die beiden übrigen Ebenen parallel mitlaufen. (vgl. ebd., S. 115)

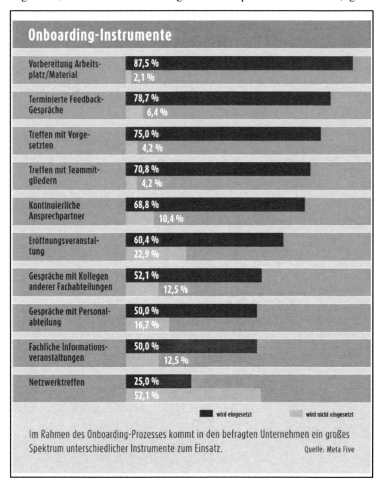

Abb. 5: Onboarding-Instrumente (Hiekel/Neymanns 2011, S. 33)

Die ausgewählten Maßnahmen werden in Hinblick auf „ihren Nutzen" für die jeweilige Ebene der Integration wie fachliche, soziale und werteorientierte Integration dargestellt.

6.1 Kommunikation und Information vor Arbeitsaufnahme

In der Umfrage von softgarden e-recruiting GmbH (2018) wurden 2.761 Bewerber befragt, was aus ihrer Sicht zwischen Jobzusage und Arbeitsbeginn besonders wichtig ist. Dabei wurden als Wichtigstes nach der Zusendung des Arbeitsvertrages die Teilnahme an einer zentralen Veranstaltung zur Orientierung sowie der Kontakt zwischen zukünftigem Mitarbeiter und Vorgesetztem sowie die mögliche Teilnahme an einem Teammeeting genannt. (ebd., S. 11)

6.1.1 Fachliche Perspektive

Bereits vor der Arbeitsaufnahme sollten dem Mitarbeiter weitergehende fachliche Informationen mitgeteilt werden. Es kann sich um Produktbroschüren handeln, die einen tieferen Einblick in die Produktlandschaft der Organisation geben. Ferner können Ergebnisse aus aktuellen Produktinnovationen oder neuen Dienstleistungsangeboten die fachliche Integration unterstützen. Arbeitet die Abteilung des neuen Mitarbeiters mit einer speziellen Software, so könnten Informationen über die Funktionalitäten und den Aufbau des Programmes einen späteren Einstieg erleichtern.

Die Einladung zu geplanten Produktpräsentationen, Teammeetings, Tag der offenen Tür, Messen oder zu fachspezifischen Vorträgen von Organisationsmitgliedern erlaubt, die bisherigen Informationen zu vervollständigen und als noch außenstehender Dritter mit einem unvoreingenommenen Blick wahrzunehmen. (vgl. Buchheim/Weiner 2014, S. 134; Brenner 2014, S. 6; inhaltlich softgarden 2018, S. 11)

Einen weiteren Aspekt betrachten Moser et al. (2018), in dem sie auf die gegenseitigen Erwartungshaltungen abstellen. Sie weisen auf das Konzept der Realistischen Tätigkeitsvorschau hin. Demzufolge sollten im Rahmen des Rekrutierungsprozesses dem neuen Mitarbeiter auch negative Informationen zu der späteren Tätigkeit mitgeteilt werden. Es sollte vor Arbeitsantritt ein realistisches Bild der Tätigkeit dargestellt werden, um Enttäuschungen vorzubeugen (vgl. eba., S. 64; Buchheim/Weiner 2014, S. 134).

Es geht nach Burgard (2014) darum, ein realistisches Personalmarketing mit „wirklichkeitsnahen Informationen" zu betreiben, um Frühfluktuation vorzubeugen (vgl. eba., S. 630).

In diesem Bereich fällt es den Unternehmen oftmals sehr schwer, Informationen zu geben, die nicht nur positiv sind. Gleichwohl belegen aktuelle Untersuchungen, dass bis zu 40% abgrenzende, einschränkende oder negierende Aussagen den Einstellungsprozess nicht gefährden, sondern ganz im Gegenteil die Ehrlichkeit in der Darstellung von zukünftigen Mitarbeitern honoriert wird. Natürlich sollten diese „negativen" Aussagen im weiteren Gespräch relativiert werden und es sollte auf die Langfristigkeit der Beziehung abgestellt werden. (vgl. Moser et al. 2018, S. 64f)

6.1.2 Soziale Perspektive

Die elektronische Mail oder der Willkommensbrief vor Arbeitsantritt führen zu einer Bestätigung der getroffenen Entscheidung und erhöhen die Freude an der zukünftigen Tätigkeit. Das geknüpfte soziale Band zwischen neuem Mitarbeiter und der Personalabteilung oder dem Vorgesetzten, je nach Verfasser der Nachricht, wird verstärkt.

Wenn im Rekrutierungsprozess nicht explizit über den Arbeitsplatz gesprochen wurde, so sollte diese Information (Einzel-/Zweierbüro, Großraumbüro) vor Arbeitsbeginn mitgeteilt werden. (vgl. Buchheim/Weiner 2014, S. 134; Lohaus/Habermann 2016, S. 127 ff.) Weitergehende Empfehlungen gibt Helbling (2011), in dem er empfiehlt, nähere Informationen zum Arbeitsumfeld, d. h. dem Arbeitsplatz, den Arbeitskollegen und betrieblichen Einrichtungen per Internet zur Verfügung zu stellen. Eine besondere Form wäre der virtuelle Betriebsrundgang, um mediengerecht zu informieren. (vgl. ebd., S. 274ff.)

Für das Unternehmen bietet sich auch die heutzutage kostenlose Videobotschaft per Smartphone an. Dabei können beispielsweise die neuen Kollegen und der Vorgesetzte ein Video drehen und dieses quasi als Grußbotschaft an den zukünftigen Mitarbeiter senden.

6.1.3 Werteorientierte Perspektive

Ein aktueller Geschäftsbericht, schriftliche Führungsgrundsätze sowie gerade erschienene Presseberichte, erlauben dem neuen Mitarbeiter, sich einen verfestigenden Eindruck von der Unternehmenskultur, dem Unternehmensimage bzw. den gelebten

Werten zu verschaffen. Eine Ausgabe der letzten Mitarbeiterzeitschrift gibt Aufschluss über interne Projekte, Sprache und Umgang mit Mitarbeitern. (vgl. Lohaus/ Habermann 2016, S. 127)

Für neue Führungskräfte führen Bührung-Uhle/Fleischmann aus:

> *„Die Integrationsunterstützung sollte deutlich vor dem Start der Führungskraft in der neuen Organisation beginnen und damit definitiv vor dem ersten Arbeitstag. Die neue Führungskraft muss ein Verständnis für die neue Firmenkultur entwickeln, zum Beispiel wer die wichtigsten Interessengruppen sind (zu denen auch Personen gehören können, die Teil der Inhaberfamilie sind, aber keine formelle Rolle in der Organisation haben), was deren konkrete Rolle im Unternehmen ist, welchen Arbeitsstil sie pflegen und welche die Erwartungen (und bedenken) sind, die von den Inhabern, dem Beirat und dem mittleren Management gegenüber dem neuen Manager gehegt werden."* ebd., S. 2f)

6.2 Einarbeitungsplan

Der Einarbeitungsplan als Integrationstool nimmt eine zentrale Stellung ein. In ihm werden alle Maßnahmen die in der Konfrontations-, Orientierungs- und Integrationsphase vorgesehen sind, zusammengefasst. Der stellt den „internen Fahrplan" für die Integration des Mitarbeiters dar.

Der Einarbeitungsplan wird individuell erstellt, da jede Position im Unternehmen in ihrer Ausprägung einzigartig ist. Selbst in zusammengefassten „Jobfamilien", gibt es Unterschiede. Diese ergeben sich aus der Vorerfahrung die der Mitarbeiter mitbringt und den gewachsenen Aufgaben der zu besetzenden Position. Im Rahmen der Einstellung sollte bereits ein Abgleich der Eignung der Person für eine bestimmte Stelle im Rahmen einer Arbeits- und Anforderungsanalyse stattgefunden haben. Damit diese sachgerecht durchgeführt wird, liefert die Deutsche Industrie-Norm (DIN) DIN 33430 gute Ansatzpunkte. Sie dient der Qualitätssicherung eignungsdiagnostischer Personalauswahlentscheidungen (vgl. Skibba 2006, S. 1 ff.).

6.2.1 Fachliche Perspektive

Der Einarbeitungsplan gibt einen Überblick darüber, welche Einarbeitungsschritte geplant sind. Er stellt ein Training-on-the-Job dar und gilt als erfahrungsbasierte Methode, um aufgabenspezifische Inhalte zu vermitteln. Dabei werden die Einarbeitungsschritte sachlich, zeitlich und teilweise örtlich aufgeführt. (vgl. Stock-Homburg 2013, S. 239 f.; Wiedemeyer 2014, S. 639). Der neue Mitarbeiter soll einen Überblick darüber bekommen, was aus Sicht der Organisation als wichtig betrachtet wird und wo unter Umständen Defizite vermutet werden. Es sollten klare Meilensteine definiert werden, damit zum vorgesehenen Zeitpunkt fachliche Feedbackgespräche stattfinden können (vgl. Lohaus/Habermann 2016, S. 127ff.).

Aus Sicht Stock-Homburgs (2013) verfolgt der Einarbeitungsplan auch motivations- und leistungsbezogene Ziele (vgl. eba., S. 239).

6.2.2 Soziale Perspektive

Der Einarbeitungsplan gibt Auskunft darüber, welche direkten sozialen Kontakte für die Rolle des neuen Mitarbeiters aus Sicht des Unternehmens wichtig sind (vgl. Lohaus/Habermann 2016, S. 128). Er gibt Hinweise auf die Struktur und die gelebte Kultur in der Organisation. Diese zeigt sich u. a. darin, welche Stationen der Einarbeitung nicht aufgeführt sind. Gibt es eine vertrauensvolle Zusammenarbeit mit dem Betriebsrat und wird dieser als eine „wichtige" Station mit eingeplant? Sind die einarbeitenden Kollegen in die Rekrutierung und Planung der Einarbeitung einbezogen worden?

Es geht unter anderem darum, durch einen Einarbeitungsplan Kontakte und Kommunikation im Team bzw. der Abteilung zu schaffen. Diese sollen helfen, Unsicherheit abzubauen und die Arbeitszufriedenheit zu steigern (vgl. Stock-Homburg, 2013, S. 240).

„Die Verbesserung der zwischenmenschlichen Beziehungen (human relations) führt zu einer Erhöhung der Arbeitszufriedenheit und Arbeitsmotivation und eröffnet zugleich den Weg zur Leistungssteigerung." (Bartscher/Nissen, 2017, S. 174)

6.2.3 Werteorientierte Perspektive

Diese zeigt sich, wenn während der Einarbeitung auch die „corporate identity" als das Selbstverständnis des Unternehmens mit dem Mitarbeiter besprochen wird, damit er diese verinnerlichen kann (vgl. Brenner 2014, S. 8).

Wir erschaffen uns unsere eigene Realität und vervollkommnen diese laufend durch gemachte Erfahrungen. Damit entwickeln wir eine eigene Sicht auf das was wir Kultur nennen. „Denn das heißt, daß wir versuchen müssen, unsere Kultur als einen fort-

fortlaufenden, proaktiven Vorgang der Konstruktion von Realität zu verstehen." (Morgan 2018, S. 185)

Durch den Einarbeitungsplan gibt uns die Organisation Hinweise auf ihre Kultur und was ihr wichtig ist. Während der Einarbeitung geht es darum,

> *"... daß sich unser Verständnis von Organisation auf Vorgänge stützt, durch die Systeme mit gemeinsamer Sinngebung geschaffen werden.*
> *Welches sind die gemeinsamen Interpretationsschemata, die Organisationen möglich machen?*
> *Worin haben sie ihren Ursprung?*
> *Wie werden sie geschaffen, vermittelt und aufrechterhalten?" (ebd., S. 186)*

Der Einarbeitungsplan liefert gute Ansatzpunkte, die es während der Integration zu hinterfragen gilt.

6.3 Gestaltung des Arbeitsplatzes

6.3.1 Fachliche Perspektive

Bevor der neue Mitarbeiter seine Tätigkeit aufnimmt, ist der zukünftige Arbeitsplatz des Mitarbeiters einzurichten. Dabei sollten Gesichtspunkte der Ergonomie und Humanisierung bei der Gestaltung berücksichtigt werden. Es geht bei dem Arbeitsplatz auch um das Umfeld und die Arbeitsabläufe für den neuen Mitarbeiter. Eine optimale Abstimmung der genannten Punkte trägt zur Senkung der Fehlzeiten bei und steigert die Leistungsbereitschaft und Leistungsfähigkeit (vgl. Kowling 2014, S. 94; Stock-Homburg 2013, S. 240).

Neben dem Arbeitsplatz an sich, sind die notwendigen Einrichtungsgegenstände und Arbeitsmittel bereitzustellen. Bezogen auf eine kaufmännische Tätigkeit wären dies der Schreibtisch, Stuhl, Schränke, Telefon, Türschild, Email-Adresse und ein Computer mit Internetanschluss. Darüber hinaus Firmenausweis oder Zugangskarte und soweit notwendig Visitenkarten. Der neue Mitarbeiter sollte in den elektronischen Telefon-/ Mailverzeichnissen und in den Informationsverteilern bereits berücksichtigt sein, um in die betriebliche Kommunikation eingebunden zu werden. (vgl. Lohaus/Habermann 2016, S. 130 ff.; Scholz 2014, S. 199)

Buchheim/Weiner (2014) plädieren speziell bei Start-ups dafür, dass „… zum ersten Tag des neuen Mitarbeiters müssen alle technischen To-dos, die sich anhand von Checklisten und Templates effizient abarbeiten lassen, erledigt sein." (ebd., S. 134)

Die Wichtigkeit der Vorbereitung des Arbeitsplatzes betont Meier (2018), indem er Nachfolgendes ausführt:

> *„Es kann einem neuen Mitarbeiter im Prinzip nichts Schlimmeres passieren, als schon am ersten Arbeitstag das Gefühl zu bekommen, dass kaum etwas vorbereitet ist, sich niemand wirklich um ihn kümmert und er im Moment eigentlich nicht willkommen ist. Dieses unwohle Gefühl setzt sich als erster Eindruck fest und prägt die Einstellung für längere Zeit bis hin zur Suche nach Arbeitsalternativen." (ebd. S. 126).*

6.3.2 Soziale Perspektive

Der Arbeitsplatz sollte räumlich so platziert sein, dass er einen einfachen Zugang zu den Kollegen fördert. Der neue Mitarbeiter soll auch durch den Arbeitsplatz als Mitglied des Teams identifiziert werden können. Diese Nähe stärkt das zu entwickelnde Wir-Gefühl. (vgl. Brenner 2014, S. 16)

Weibler (2016) fasst diese Integration weiter, in dem er von Arbeitsorganisation und Arbeitsumfeld spricht. Beide sind so zu gestalten, dass sie die Stärken des neuen Mitarbeiters berücksichtigen und Kooperationen die erfolgsnotwendig sind, fördern. Die dadurch erzeugten positiven Emotionen wirken sich auf das subjektive Wohlbefinden des Mitarbeiters aus und führen zur Widerstands- / und Leistungsfähigkeit sowie sozialen Integration (vgl. ebd., S. 508 f.).

Bei der Integration von neuen Mitarbeitern besteht immer ein sozialpsychologisches Spannungsfeld zwischen der Sozialisation innerhalb des Unternehmens und dem Gegenteil, der Individuation des Mitarbeiters. Es wird erwartet, dass der neue Mitarbeiter seine Aufgaben bestmöglich erfüllt, seine Erfahrungen aus früheren Tätigkeiten einbringt, sich kreativ und innovativ verhält, sich aber gleichzeitig an die vorhandenen Unternehmensstrukturen und Arbeitsprozesse anpasst. Ein wirkliches „No-Go" sind ständige Verweise des neuen Mitarbeiters auf seine Vorerfahrungen die in Aussagen wie: „Das haben wir bei Firma XY so gemacht", münden. Diese Art von Wissenstransfer wird von den Kollegen nicht akzeptiert. (vgl. Meier 2018, S. 126)

6.3.3 Werteorientierte Perspektive

Die Gestaltung des Arbeitsplatzes gibt dem Mitarbeiter Hinweise auf Artefakte, die die Unternehmenskultur beschreiben (vgl. Stock-Homburg 2013, S. 328). Dies können die Art und Größe des Schreibtisches oder der räumliche Zuschnitt des Büros sein (vgl. Bartscher/Nissen, 2017, S. 335). Wenn sich die Erwartungen des Mitarbeiters mit den tatsächlichen Gegebenheiten decken, kann in diesem Punkt von einer wertorientierten Passung gesprochen werden. Gleiches gilt, wenn der Mitarbeiter die Gegebenheiten des Arbeitsplatzes akzeptiert, ohne dass dies negative Emotionen bei ihm auslöst.

6.4 Paten- / Mentoren Programme

Im Hinblick auf die Terminologie werden im Zusammenhang mit Onboarding die Begriffe Pate und Mentor gleichgesetzt. Beide wollen neue Mitarbeiter in schwierigen Phasen befristet oder dauerhaft unterstützen (vgl. Meier 2018, S. 162). Wird eine Differenzierung vorgenommen, dann handelt es sich bei dem Paten um einen erfahrenen Mitarbeiter aus dem gleichen Unternehmensbereich der kollegial unterstützt. Der Mentor hingegen ist hierarchisch höhergestellt und arbeitet nicht im gleichen Bereich wie der neue Mitarbeiter. Seine Funktion ist mehr die eines internen Karriereberaters (vgl. Moser et al. (2018, S. 87 f.; Brenner 2014, S. 15; Scholz 2014 S. 199). Im Weiteren werden beide Bezeichnungen synonym verwandt, da die für das Onboarding wichtigen Funktionen gleichermaßen von einem Paten oder einem Mentor wahrgenommen werden können.

Das Mentoring lässt sich in zwei Arten einteilen. Einmal das interne Mentoring, welches innerhalb eines Unternehmens oder einer Organisation stattfindet und das externe Mentoring, in dem der Mentor / Pate und der Mentee aus unterschiedlichen Unternehmen kommen. Eine weitere Differenzierung ergibt sich dahingehend, ob das Mentoring formell im Rahmen eines Programms oder informell aufgrund einer Vereinbarung zwischen Mentor und Mentee zustande kommt. (vgl. Krämer-Stürzl 2016, S. 49 ff.) In den weiteren Ausführungen wird von einem internen, formellen Mentoring ausgegangen. In der betrieblichen Praxis insbesondere bei Start-Up Unternehmen wird die Bezeichnung „Buddy" statt Pate oder Mentor verwandt.

Einige Unternehmen veröffentlichen auf ihrer Karrierewebsite Informationen zum Einstieg und zu ihren Paten- / Mentoren- oder Buddy-Programmen. Dies erhöht die positive Wahrnehmung des Unternehmens für potentielle Bewerber.

6.4.1 Fachliche Perspektive

Der Mentor unterstützt bei der fachlichen Eingliederung in die Organisation. Er hilft bei der Beantwortung allgemeiner und spezieller betrieblicher Fragestellungen. Er fungiert regelmäßig als Vorbild für den neuen Mitarbeiter. (vgl. Stock-Homburg 2013, S. 257; Scholz 2014a, S. 1186) Ferring/Staufenbiel (2014) sehen den Paten/Mentor als Ansprechpartner und Bindeglied zwischen Fach- und Personalabteilung (vgl. ebd., S. 229).

Es geht bei einem Patenprogramm darum, die Erfahrungen des Paten informell weiterzugeben, da gerade die Nähe zwischen dem neuen Mitarbeiter und dem Paten eine enge Beziehung ermöglich. Moser et al. (2018) sprechen in diesem Zusammenhang von der „Niederschwelligkeit", die sich in der geringen Distanz zwischen den Akteuren widerspiegelt und die Integration unterstützt (vgl. ebd., S. 87). Für eine frühestmögliche Unterstützung durch einen Paten plädieren Gmür/Thommen (2007), da gerade in der Konfrontations- und Orientierungsphase die neuen Eindrücke des Mitarbeiters emotional aufgeladen sind. Der Pate hilft dann dabei, den Neuen mit seinen Aufgaben und seinem sozialen Umfeld vertraut zu machen. (vgl. ebd., S. 287)

6.4.2 Soziale Perspektive

Moser et al. (2018) stellen fest, dass Patensysteme die soziale Integration in den Vordergrund stellen. Dabei geht es vor allem darum, die richtigen Kontakte für den neuen Mitarbeiter anzubahnen und zu begleiten (vgl. ebd., S. 88). Ähnlich äußert sich Huber (2018) mit dem Hinweis: „Ziel ist es adäquate Rollen, Normen und Verhaltensweisen aufzufinden." (ebd. S. 180). Dabei geht es auch darum, mittels des Paten Hilfestellung bei der Bewertung von spezifischen Situationen und Verhaltensweisen von Vorgesetzten und Kollegen zu bekommen (vgl. Brenner 2014, S. 15). Bezogen auf Start-ups, die regelmäßig als KMU beginnen, führen Buchheim/Weiner (2014) aus: „Im Idealfall erhält in größeren Start-ups jeder neue Mitarbeiter einen Mentor, der nicht sein Vorgesetzter ist. So wird der Austausch gefördert und die allgemeine Integration in den ersten Monaten erleichtert, weil einem Mentor eher Fragen gestellt werden, als einem Vorgesetzten." (ebd., S. 136)

> *Den Nutzen eines Mentoren Programms beschreibt Krämer-Stürzl (2016) wie folgt: „Die systematische Einführung eines neuen Mitarbeiters in das Unternehmen, eine neue Abteilung oder eine neue Funktion ist eigentlich eine einfache und wirtschaftliche Personalentwicklungsmaßnahme,*

> *die aber (systematisch) in der Praxis oft vernachlässigt wird. Die Art und Weise, wie neue Mitarbeiter Kollegen, Organisation und Rolle kennenlernen, ist entscheidend für sie und das Unternehmen auf dem weiteren Weg." (ebd., S. 50)*

Einen zusätzlichen Gedanken bringt Meier (2018) ein, der sich auf Impatriates (ausländische Mitarbeiter bzw. Migranten) bezieht. Er weist darauf hin, dass es in vielen Kulturen unüblich ist, Fragen oder Wünsche im betrieblichen Kontext zu äußern. Weiterhin eigene Unsicherheiten einzugestehen und auf Schwierigkeiten aufmerksam zu machen oder Kritik zu üben. Diese Verhaltensweisen führen schnell zu Missverständnissen und Vorurteilen mit Kollegen, dem Vorgesetzten oder Kunden/Lieferanten. Ein Mentor oder Pate kann bei der Eingewöhnung und Einarbeitung hilfreich zur Seite stehen. (vgl. ebd., S. 245)

6.4.3 Werteorientierte Perspektive

Der Mentor hilft dem neuen Mitarbeiter dabei, unternehmerische Entscheidungen zu verstehen (vgl. Brenner 2014, S. 15). Buchheim/Weiner (2014) führen den Begriff des „kulturellen Onboarding" ein. Sie beziehen sich in ihren Ausführungen auf Start-ups, die aus Sicht des Verfassers auch für KMU gelten. Es geht darum, den neuen Mitarbeitern das Unternehmen und seine Geschichte nahezubringen und diese mit Ereignissen bis hin zu Anekdoten anzureichern. (vgl. ebd., S. 136)

6.5 Einführungs- oder Orientierungsveranstaltung

Werden zu einem Termin oder innerhalb eines Monats mehrere neue Mitarbeiter eingestellt, bietet sich eine Einführungs- oder Orientierungsveranstaltung an. Diese kann zeitlich gesehen entweder eine halbtags-/ganztags oder mehrere Tage umfassende Maßnahme sein. Es wird zu Beginn der Tätigkeit in einer Organisation spezifisches Wissen über Produkte, Regeln und Prozeduren vermittelt. (vgl. Moser et al. 2018, S. 3) In einer Studie von softgarden (2018) wünschen sich 55,78% der Teilnehmer, an einer zentralen Veranstaltung für Neueinsteiger vor Arbeitsantritt teilzunehmen (ebd., S. 12).

6.5.1 Fachliche Perspektive

Im Rahmen der Veranstaltung wird dem neuen Mitarbeiter das Unternehmen vorgestellt. Dabei geht es um den Absatzmarkt, Mitbewerber, Dienstleistungen und/oder Produkte, sowie die interne Aufbauorganisation. Innerbetriebliche Abläufe werden erläutert und unternehmenskulturelle Eckpfeiler dargestellt. Es besteht die Möglichkeit zum Netzwerken. (vgl. Stoffer 2014, S. 745)

Gmür/Thommen (2007) sehen ein Einführungsprogramm um „… den neuen Mitarbeitern die Scheu zu nehmen, ihre eigenen Vorstellungen zu äußern und umzusetzen." (ebd., S. 281)

6.5.2 Soziale Perspektive

Die Einführungsveranstaltung sollte in zeitlicher Hinsicht dem neuen Mitarbeiter ausreichend Möglichkeiten bieten, sich mit den übrigen Teilnehmern bekanntzumachen und auszutauschen (vgl. Brenner 2014, S. 9). Wiedemeyer (2014) spricht sich für ein „Einführungsseminar" aus, in dem der neue Mitarbeiter Orientierung innerhalb des Unternehmens gewinnt und sich mit den Zielen und Werthaltungen seines Arbeitgebers auseinandersetzen kann. Darüber hinaus sollten Gelegenheiten zum gegenseitigen Austausch mit Führungskräften eingeräumt werden und das Seminar als „„…"Kick-off-Veranstaltung" für Korpsgeist und Wir-Gefühl [betrachtet werden]". (ebd., S. 639)

6.5.3 Werteorientierte Perspektive

Im Rahmen von Präsentationen, an denen auch länger in der Organisation tätige Mitarbeiter teilnehmen können, sollen dem neuen Mitarbeiter die Vision, die Mission, die Gesamtstrategie, die Ziele, die Struktur und vor allem die gelebten Werte der Unternehmenskultur nahegebracht werden. Sie sollen auf die neue Gemeinschaft „eingeschworen" werden und durch Gründungsgeschichten, „die impliziten und expliziten Regeln der Zusammenarbeit und des Miteinanders im Unternehmen kennen [lernen]." (Buchheim/Weiner 2014, S. 136). Dabei können hochrangige Führungskräfte einen wichtigen Beitrag leisten, indem Sie Vorträge halten und für „Informationsgespräche" am Abend zur Verfügung stehen (vgl. Brenner 2014, S. 9). Simon (2015a) schreibt im Hinblick auf die Kultur: „Die Zugehörigkeit zu kulturellen Systemen ist eng mit der individuellen Identitätsbildung verbunden. Das gilt nicht nur für Kulturen im großen Rahmen, etwa die westliche versus östliche Kultur oder nationale Kulturen, sondern auch für Organisationskulturen." (ebd., S. 85)

6.6 Einarbeitung am Arbeitsplatz

Diese Art der Einarbeitung wird nach Kauffeld (2010) auch als „Training into-the-job" bezeichnet. Es geht darum, die Organisation mit ihrer Philosophie, Zielen, Produkten und Taktiken kennenzulernen. Dem neuen Mitarbeiter wird die Möglichkeit geboten, sich schnell und unkompliziert notwendige Informationen zur Erledigung seiner Aufgaben zu beschaffen. Das Ziel ist, schnell ein produktives Mitglied des Unternehmens zu werden. (vgl. ebd., S. 76; Stoffer 2014, S. 745; Gmür/Thommen 2007, S. 295).

In der praktischen Umsetzung sollten dem neuen Mitarbeiter zu Beginn kleine Arbeits- oder Projektaufgaben übertragen werden. Der Umfang ist abhängig davon, ob es sich bei dem neuen Mitarbeiter um einen eher unerfahrenen Kollegen oder aber jemanden mit umfänglicher Berufserfahrung handelt. (vgl. Meier 2018, S. 130)

Brenner (2014) weist daraufhin, dass der Arbeitsplatz neben der funktionalen Bedeutung eine Zusatzfunktion als „sicherer Hafen" bzw. „eigenes Reich" darstellt. Sollte es keine festen Arbeitsplätze im Unternehmen geben, so sollte gleichwohl eine räumliche Nähe zu den einarbeitenden Kollegen oder dem Paten hergestellt werden. (vgl. ebd., S. 16f.)

Verschiedene andere Autoren, insbesondere Holtbrügge (2018) fassen den Begriff „Training into-the-job" enger und beziehen ihn ausschließlich auf Berufseinsteiger und die damit verbundenen Einstiegsprogramme wie Anlernausbildung, Berufsausbildung oder Trainee-Ausbildung (vgl. ebd., S. 145).

6.6.1 Fachliche Perspektive

Eine Wissens- und Erfahrungsvermittlung am Arbeitsplatz durch Vorgesetzte oder Kollegen sehen Scherm/Süß (2016) in einer systematischen Unterweisung. Es gilt, notwendige Informationen zur Verfügung zu stellen und den neuen Mitarbeiter mit seinen konkreten Aufgaben vertraut zu machen. (vgl. ebd., S. 69).

Scholz (2014) beschreibt dies ähnlich und weist auf die Anwendung der 4-Stufen-Methode „Vorbereiten - Vorführen – Nachmachen – Kontrollieren" hin. Nach seiner Einschätzung handelt es sich um eine der wichtigsten Qualifizierungsmaßnahmen für Mitarbeiter. (vgl. ebd., S. 275)

Die Zusammenarbeit am Arbeitsplatz mit dem Vorgesetzten und den Teammitgliedern zielt gerade in der Orientierungsphase darauf ab, dem neuen Mitarbeiter die Arbeit an laufenden Projekten zu erläutern und die Zielsetzungen der Abteilung zu vermitteln. Dabei spielt die unternehmenseigene Kommunikation eine wesentliche Rolle. (vgl. Buchheim/Weiner 2014, S. 136; so auch Holtbrügge 2018, S. 140)

Vorgesetzte übernehmen bei der fachlichen Integration eine wichtige Rolle. Sie delegieren die Aufgaben und kontrollieren das Ergebnis. Ferner vermitteln sie Fachwissen und bewerten das Verhalten des neuen Mitarbeiters. (vgl. Lohaus/Haberman 2016 S. 87)

6.6.2 Soziale Perspektive

Der Zusammenarbeit zwischen dem neuen Mitarbeiter und Kollegen sowie Vorgesetztem wird nach Lohaus/Habermann (2016) eine besondere Bedeutung zugeschrieben. Diese ergibt sich aus der intensiven Arbeitsbeziehung, die durch eine Einarbeitung am Arbeitsplatz entsteht und sich regelmäßig schnell stabil entwickelt. Es ist aus Sicht des Unternehmens sinnvoll, hier von Beginn an eine positive Arbeitsatmosphäre zu schaffen (vgl. ebd., S. 87).

Der Arbeitsplatz selbst sollte in der Nähe der Kollegen sein, damit die Kommunikation schnell und unbürokratisch erfolgen kann. Der Mitarbeiter soll sich räumlich zugehörig fühlen. Dies signalisiert auch nach außen Mitgliedschaft in der Abteilung und führt schneller zur Bildung des Wir-Gefühls. (vgl. Brenner 2014, S. 16)

Für den neuen Mitarbeiter gilt es, die ihm während der Einarbeitung durch die Kollegen und das Unternehmen gemachten „Beziehungsangebote" zu prüfen. Nur wenn er die Unternehmenskultur akzeptiert, kann eine erfolgreiche Passung (cultural fit) stattfinden (vgl. Grubendorfer 2016, S. 28).

6.6.3 Werteorientierte Perspektive

Durch den Austausch mit den Kollegen und dem Vorgesetzten erlebt der neue Mitarbeiter im täglichen Tun die gelebten nicht schriftlich niedergelegten Werte des Unternehmens.

Er hat die Möglichkeit, diese zu hinterfragen und sich der Unternehmenskultur anzunähern.

Einen wichtigen Beitrag leistet das Team, welches die Gruppennormen und Umgangsformen vermittelt. Gemeinsam mit den Rollenvorgaben für den neuen Mitarbeiter überträgt es die sich herausgebildeten kollektiven Handlungs- Deutungs- und Wertemuster (vgl. Gmür/Thommen 2007, S. 288).

> *„Für ein erfolgreiches Onboarding ist die Prozesseinbindung der direkten Arbeitspartner des neuen Mitarbeiters notwendig. Diese sind in der Lage, Unternehmenswerte und kulturelle Besonderheiten zu vermitteln und klare Erwartungen gezielt zu kommunizieren."*
> *(Hiekel/Neymanns 2011, S. 35)*

Im Hinblick auf die Unternehmenskultur betonen Schüller/Steffen (2017), dass diese sich nicht in „Werbeplakaten" oder „Leitbildgedruckten" ablesen lässt, sondern im konkreten Verhalten der Führungskräfte (vgl. ebd., S. 223).

6.7 Abteilungsdurchläufe

In Organisationen werden einzelne Aufgaben funktional gegliedert und in eigenen Organisationseinheiten (Abteilungen) zusammengefasst. Je nach Differenzierungsgrad entstehen selbständige Subsysteme, die die betriebliche Prozesskette nicht mehr klar erkennen lassen. Es existiert eine eigene Abteilungskultur (Silodenken und –handeln).
Durch Kommunikation und Information im Rahmen von Abteilungsdurchläufen soll das Verständnis für das Gesamtunternehmen gefördert werden und mögliche Differenzierungen in den Abteilungen deutlich werden. (vgl. Matzen 2018 o. S.)

6.7.1 Fachliche Perspektive

„Das Zusammenspiel der Abteilung mit anderen Bereichen sowie die Bedeutung für die Organisation ist klarzustellen." (Lohaus/Habermann 2006, S. 132) Damit erhält der neue Mitarbeiter die Möglichkeit, die Organisationsstruktur und die Schnittstellen zu seinem Team und zu seinen Aufgaben kennenzulernen. Brenner (2014) spricht in diesem Zusammenhang vom Einordnen der eigenen Aufgaben in die Prozesskette des Unternehmens (vgl. ebd., S. 12).

Diese Form der Einarbeitung wird von Meier (2018) als *Cross Exchange* bezeichnet und stellt aus seiner Sicht einen gängigen Typ dar (vgl. ebd., S. 130).

6.7.2 Soziale Perspektive

Das persönliche Kennenlernen im Rahmen von geplanten Abteilungsdurchläufen führt zu sozialen Kontakten außerhalb des eigenen Teams bzw. der Abteilung. Dies bietet die Chance zu Netzwerken und informelle Kontakte aufzubauen. Der Austausch über Abteilungsgrenzen hinweg festigt das Wissen und lässt den Mitarbeiter seine Rolle und Position innerhalb des Unternehmens finden. Lohaus/Habermann (2006) weisen darauf hin, dass der informelle Austausch durch die Nutzung sozialer Medien unterstützt wird. Neben einem Unternehmensblogg kann dies durch eine Mitarbeiter WhatsApp-Gruppe erfolgen. (vgl. ebd., S. 137)

6.7.3 Werteorientierte Perspektive

Die Kommunikation mit Unternehmensangehörigen anderer Abteilungen vermittelt bewusst und unbewusst die Organisationskultur mit ihren Strukturen, Abläufen, Regeln, Normen und Werten. Die Abteilungsdurchläufe machen auch deutlich, wo es unterschiedliche (Abteilungs-)Werte gibt. Mit dem Einarbeitungsplan soll eine Veränderung bei dem neuen Mitarbeiter angestoßen werden. Diese wird durch die Kommunikation in den einzelnen Abteilungen die an der Einarbeitung beteiligt sind getragen. Es geht u. a. um Ideen, Bewertungen, Anweisungen, Lob und Tadel sowie die „… Entscheidung, wer, wann, wo mit wem und wozu kommuniziert…" (Lindemann 2016, S. 127ff.).

6.8 Kunden-/Lieferantenbesuche

Bei neuen Mitarbeitern die Kontakte zu Kunden oder Lieferanten haben, ist ein wichtiger Einarbeitungspunkt, diese kennenzulernen und ein Netzwerk aufzubauen. Dabei geht es neben dem persönlichen Kontakt um das Erfahren der Einsatzmöglichkeiten der betrieblichen Produkte oder Dienstleistungen. Auch im Projektgeschäft ist eine Kenntnis der Gegebenheiten vor Ort wichtig für die Einarbeitung.

6.8.1 Fachliche Perspektive

Es geht darum, den konkreten Ansprechpartner und das spezifische Kunden-/ Dienstleistungsportfolio sowie die Rahmenbedingungen der Geschäftsbeziehung kennenzulernen. Hinzukommt die Anwendung der unternehmenseigenen Vertriebs- oder Einkaufsleitfäden. Der neue Mitarbeiter wird hierzu durch einen erfahrenen Kollegen in die Geschäftsbeziehung eingeführt. (vgl. Brenner 2014, S. 12f.)

Er kann bereits bei den ersten Kontakten das bisher erworbene Fachwissen anwenden und vervollständigen. Darüber hinaus kann er seine Vorerfahrung (soweit vorhanden) aus vorangegangenen Beschäftigungen oder Ausbildungen nutzbringend präsentieren.

6.8.2 Soziale Perspektive

Zu einer gelungenen sozialen Integration gehören auch die Akteure außerhalb des Unternehmens, die Schnittstellen zum Aufgabengebiet des neuen Mitarbeiters aufweisen. Wenn der Verkauf oder die Beratung zum Aufgabengebiet gehört, dann gilt es, auch zu den relevanten Geschäftspartnern ein persönliches Verhältnis aufzubauen. Der Vorgesetzte wird im Rahmen seiner Tätigkeit Schlüsselkunden nach ihrer (fachlichen) Einschätzung betreffend den neuen Mitarbeiter befragen. Diese Einschätzung lässt sich nicht von der, die durch das Verhalten des Mitarbeiters entstanden ist trennen.

Barsch (2016) führt zu dieser Thematik aus: „Es ist anzunehmen, dass die Passung Person/Kunde bei kundenindividueller Produktion und bei komplexen Dienstleistungen, die einer langfristigen und engen Zusammenarbeit von Personal und Kunden bedürfen, eine wichtige Rolle spielt." (ebd., S. 11)

Größere Unternehmen nutzen die Informationsquelle der Kunden / Lieferanten, um im Rahmen eines 360-Grad-Feedbacks eine Multiperspektivität im Hinblick auf Leistung, Verhalten sowie persönliche Stärken und Schwächen zu erhalten (vgl. Scherm/Süß 2016, S.96 ff.).

6.8.3 Werteorientierte Perspektive

Der Mitarbeiter erhält durch das Gespräch mit dem Kunden/Lieferanten einen anderen Blick auf sein Unternehmen. Bestimmte Regeln, Verhaltensweisen und Werte des eigenen Unternehmens in der Zusammenarbeit mit dem Kunden/Lieferanten, wie bspw. Qualitätsansprüche, Liefertreue etc., werden sichtbar und lassen sich so besser einordnen. Der Mitarbeiter bekommt ein „Gefühl" für die Geschäftspartner und ihre Sicht auf sein Unternehmen. (vgl. Brenner 2014, S. 12f.)

6.9 Feedback Gespräche

Von besonderer Relevanz sind die durch den Vorgesetzten durchzuführen Feedback Gespräche. Diese sollten von vornherein terminiert werden und dienen dem beidseitigen Abgleich der Erwartungen, Erfahrungen und Ergebnisse während der Orientierungs- und Integrationsphase. Dabei stellt die Gegenseitigkeit der Erwartungsfrage einen Ausdruck der Wertschätzung gegenüber dem neuen Mitarbeiter und eine Interaktion auf Augenhöhe dar (vgl. Buchheim/Weiner 2014, S.137). Burgard (2014) betont, dass konstruktive Rückmeldungen für den neuen Mitarbeiter aber auch für den Vorgesetzten unabdingbar sind (vgl. ebd., S. 634). Wird im Rahmen der Gespräche negatives Feedback gegeben, ist dieses grundsätzlich mit konstruktiven Hinweisen zu versehen, die es dem Mitarbeiter ermöglichen, sein Verhalten anzupassen. Schein (2010) weist mit folgenden Ausführungen auf diese Herausforderung hin.

> *„Negatives Feedback ist oft nötig, um zu gewährleisten, dass bestimmte Arten von Verhalten nicht mehr wiederholt werden, doch es ist auch die problematischste Form, da es wahrscheinlich die Abwehr weckt, verdrängt oder überhört oder auf andere Weise zurückgewiesen wird. Zudem enthält negatives Feedback keine Anregung für zukünftiges Verhalten, es lassen sich also keine positiven Lehren daraus ziehen."* (ebd., S. 171)

Zusammenfassend lässt sich festhalten, dass Feedback die Chance liefert, Veränderungen anzustoßen. Dabei können auch bei positivem Feedback Widerstände ausgelöst werden, die dann als Startpunkt für Veränderungsprozesse dienen. Für den Vorgesetzten ist es wichtig, Kommunikationstechniken und Feedback-Regeln zu beherrschen. (vgl. Elbe 2014, S. 85ff.) Als eine der Erfolgsfaktoren des Feedbacks wird die wertschätzende Konnotation bezeichnet, die durch positive Bemerkungen oder auch Komplimenten umgesetzt wird (vgl. Schlippe/Schweitzer 2016, S. 309ff.; Elbe 2014, S. 86f.).

6.9.1 Fachliche Perspektive

Beidseitig sollen die bisherigen Arbeitsergebnisse besprochen und gewürdigt werden. Beispielhafte Fragen könnten sein: Wo lief es rund? Welche nicht geplanten Herausforderungen hat es gegeben? Welche Unklarheiten bestehen? Wo ist die fachliche Einarbeitung abgeschlossen?

Bei unklar abgegrenzten Aufgabenbereichen kann es zu Konflikten kommen. Hier ist das Feedback durch Kollegen oder Vorgesetzte erforderlich, um Unsicherheit auf Seiten des Mitarbeiters zu beseitigen (vgl. Scherm/Süß 2016, S. 70).

Hiekel/Neymanns (2011) stellen auf der Grundlage einer Studie fest, dass 78,7% der befragten Unternehmen terminierte Feedback Gespräche als Onboarding Instrument nutzen (vgl. ebd., S. 33).

Aus der Sicht der Bewerber gibt es nach einer aktuellen Studie von softgarden (2018) „… bei den Wunschpartnern des Feedbacknehmers eine klare Rangfolge in der Priorisierung: zuerst die Führungskraft (76,4% „trifft zu"), dann die Kollegen (58,9%), mit großem Abstand danach die internen Kunden und die Personalabteilung." (ebd., S. 21)

6.9.2 Soziale Perspektive

Von Erwartungsgespräch innerhalb eines Management-Onboarding mit dem Vorgesetzten sprechen Buchheim/Weiner (2014) und stellen u. a. auf die Thematisierung des persönlichen Verhaltens des neuen Mitarbeiters ab. Im Rahmen des Gesprächs sollten geltende Regelungen und Erwartungen wie Pünktlichkeit, Gewissenhaftigkeit, Zuverlässigkeit aber auch der zwischenmenschliche Umgang adressiert werden. Die Autoren weisen darauf hin, dass auch der Mitarbeiter seine Erwartungen artikulieren sollte und dass dies für die Generation Y bereits eine Selbstverständlichkeit darstellt. (vgl. ebd., S. 137)

„Je früher Sie Abweichungen vom gewünschten Verhalten ansprechen, umso höher ist die Chance, dass durch entsprechende Maßnahmen eine Korrektur möglich ist." (Brenner 2014, S. 30)

6.9.3 Werteorientierte Perspektive

Der Vorgesetzte sollte im Rahmen der Feedback Gespräche auch die Unternehmenskultur bzw. die sie prägenden Ebenen (Werte, Normen, Artefakte, Verhaltensweisen) ansprechen. Dabei kann es um Erfahrungen, Beobachtungen aber auch um Einschätzungen des neuen Mitarbeiters gehen. Möglicherweise kann der Vorgesetzte unklare Sachverhalte aufklären. Ferner kann er mit zunehmender Betriebszugehörigkeit des neuen Mitarbeiters Hintergründe zu gelebten Unternehmenswerten vermitteln. (zu den Ebenen vgl. Stock-Homburg, 2013, S. 327 f.; so ähnlich Gmür/Thommen 2007, 283f.)

6.10 Zwischenergebnis

Die unter den Kapiteln 6.1 – 6.9 dargestellten Prozessinstrumente / Maßnahmen sind unabhängig von einer systemischen Sichtweise im Hinblick auf ihre Integrationswirkung dargestellt worden. Die Auswahl ist mit Blick auf KMU getroffen worden. Dabei dienen die drei betrachteten Integrationsebenen zur Verdeutlichung der Wirkung der einzelnen Maßnahmen auf den Prozess der Integration.

Es sind eine ganze Reihe von Einzelmaßnahmen nicht aufgeführt, da sie entweder in KMU nicht realisiert werden können oder aber nur einen Aspekt der Integration ansprechen. Beispielhaft seien hier die Willkommensblumen genannt, die überaus sinnvoll sind und vom neuen Mitarbeiter goutiert werden.

7 Systemische Anknüpfungspunkte

Die systemischen Anknüpfungspunkte für den Onboarding Prozess können sich aus Sicht des Verfassers in den Haltungen der beteiligten Personen und der Nutzung bestimmter systemischer Methoden im Rahmen der Integration ergeben. Dabei werden überwiegend die Ebenen soziale und wertorientierte Integration angesprochen. Das Unternehmen als soziales System ist in sich geschlossen. Der zukünftige Mitarbeiter stellt eine relevante Umwelt für die Organisation und ihre Mitglieder dar. Im Rahmen der Integration wird der neue Mitarbeiter durch Prozessinstrumente und durch sein Verhalten sowie das der Vorgesetzten, Kollegen und Mitarbeiter zum Mitglied der Gemeinschaft und damit Teil des sozialen Systems Unternehmen.

Wenn in diesem Zusammenhang auf die neuere Systemtheorie nach Luhmann zurückgegriffen wird, dann stellen Mitarbeiter keinen Teil des sozialen Systems dar, sondern sind als Individuen zu betrachten und sind der Systemumwelt zuzuordnen. Das Sozialsystem (Unternehmen) besteht aus Kommunikationen und zwar ausschließlich aus Kommunikationen und nicht aus Menschen. Es ist als Kommunikationssystem zu bezeichnen. Soll eine Veränderung eintreten, ist das Kommunikationssystem zu verändern. Es geht darum, Kommunikationsmuster zu erkennen und zu unterbrechen und neue Kommunikationsregeln einzuführen. Im Unternehmen bedeutet dies, Prozesse und Abläufe zu verändern. (vgl. Berghaus 2004, S. 63ff.)

Im Nachfolgenden geht es um die praktische Umsetzung dieser Gedanken und um die wirkungsvolle Gestaltung des Integrationsprozesses als Kommunikationsprozess. Dabei werden die systemischen Überlegungen so aufbereitet, dass sie für „Nicht-Systemiker" verständlich und anwendbar werden. In der betrieblichen Praxis ist es wünschenswert – aber nicht realistisch – dass sich die Akteure eines Integrationsprozesses mit den sozialen Theorien auseinandersetzen. Es geht darum, ein theoretisch unterlegtes wirksames Haltungs- und Methodenset anzubieten. König (2016) bringt es auf den Punkt: „... [die] Ausklammerung von Personen aus dem Veränderungsansatz und die Konzentration auf die Kommunikation dürften im Rahmen von Beratung letztlich überhaupt nicht durchführbar sein." (ebd., S. 21) Aus Vorstehendem wird daher der direkte Bezug zum Mitarbeiter im Rahmen der Integration hergestellt.

7.1 Systemische Haltungen

Bei den systemischen Haltungen ist der Ursprung in ihrer Anwendung, nämlich der psychotherapeutischen Arbeit, zu berücksichtigen. Die Systemische Gesellschaft (2016) als Verband für systemische Forschung, Therapie Supervision und Beratung definiert die systemischen Grundhaltungen wie folgt: „Der Kern systemischen Arbeitens ist die systemische Grundhaltung. Sie nimmt Menschen in ihren Systemzusammenhängen in den Blick und strebt eine kooperative, gleichberechtigte Beziehung zwischen allen Beteiligten [...] an. Sie begegnet Klientinnen mit einer Haltung des Respekts der Unvoreingenommenheit, des Interesses und der Wertschätzung bisheriger Lebensstrategien und Verhaltensweisen." (ebd., S. 11)

Es gilt, die Selbstorganisation zu fördern und dies durch ein entsprechendes Arbeitsumfeld des Vertrauens zu ermöglichen. Nur durch das entgegengebrachte Vertrauen ist es möglich, eine Selbstveränderung anzustoßen. Hilfreich ist auch, die Haltung des Nichtwissens einzunehmen. Dies vor allem bei erfahrenen Mitarbeitern und Führungskräften. Das eigene Wissen sollte nicht in den Vordergrund gestellt werden, sondern die Offenheit es zuzulassen, dass der neue Mitarbeiter seine eigenen Erfahrungen einbringt und eine eigene Wirklichkeitskonstruktion hat. Inwieweit die Akteure in einem Unternehmen bereit sind, dies zu berücksichtigen, lässt sich u. a. am Betriebsklima und dem Umgang miteinander ablesen.

Schlippe/Schweitzer (2016) vertreten die Auffassung, dass systemische Haltungen davon ausgehen, „…dass Menschen ihr Zusammenleben so gestalten möchten, dass jede Stimme Raum hat, jede Stimme gehört wird." (ebd., S. 192) Bezogen auf ein Unternehmen spiegeln sich hier der praktizierte Führungsstil und die grundsätzlichen Einstellungen zu Mitarbeitern wider. Sie sind die gelebte Unternehmenskultur und haben großen Einfluss auf den Integrationsprozess.

7.2. Systemische Methoden

In Bezug auf die Integration kann als grundlegende Voraussetzung das Instrument des Rahmens von Radatz (2016) angewandt werden.

> *„Es liegt in der Verantwortung der Unternehmensleitung und der jeweiligen Leitung eines Teams, einen klaren, resultatorientierten Rahmen (quantitativ wie qualitativ) als Grenze der Leistung und letztlich auch des Verhaltens zu setzen. Jeder Mitarbeiter und jedes Team kann sich für oder gegen die Einhaltung dieses Rahmens entscheiden; mit allen Konsequenzen: Denn es können nur Teams und Mitarbeiter im Unternehmen bzw. Team verbleiben, wenn sie den Rahmen ihres Handelns nicht nur erkennen, sondern auch anerkennen." (ebd., S. 101)*

Die Anwendung von systemischen Methoden wird nachfolgend für die zeitlichen Phasen des Onboarding Prozesses dargestellt. Dabei gibt es aus Sicht des Verfassers keine auf- oder absteigende Reihenfolge. Die Methoden können einzeln oder nacheinander in den einzelnen Phasen angewandt werden. Es wird in der nachfolgenden Darstellung teilweise auch Bezug auf die in Kapitel 6 exemplarisch aufgeführten Prozessinstrumente genommen.

7.2.1 In der Pre-Boarding Phase

Hypothesenbildung

Ein Grundpfeiler des systemischen Denkens und Handelns ist die Hypothesenbildung. Jeder Frage, die im Rahmen eines (Mitarbeiter-) Gesprächs gestellt wird, liegt eine Annahme (Hypothese) zugrunde. Warum habe ich gerade diese Frage gewählt und keine andere? Die Antwort lautet, es gibt eine bewusste oder unbewusste Hypothese, die mich diese Frage stellen lässt. In den meisten Gesprächen in der betrieblichen Praxis wird dies weder bewusst wahrgenommen noch hinterfragt. Wird durch eine reflektierende Haltung des Fragenden diesem Umstand eine hohe Aufmerksamkeit zuteil, kann dies helfen, die Integration durch gezielte Fragen besser vorzubereiten.

Die Hypothesenbildung ist eng verknüpft mit den Fragen, die dem Mitarbeiter gestellt werden und den Antworten, die zu einer Veränderung oder Bestätigung der Hypothese führen. Es geht darum zu ergründen, ob die bisherigen Beobachtungen oder Annahmen zutreffen oder einer Anpassung bedürfen. „Ich möchte verstehen, was läuft. Wir müssen zuerst Hypothesen bilden, reflektieren, nicht gleich agieren." (Königswieser / Hillebrand 2017, S. 45) Diese Vorgehensweise wird als systemische Schleife bezeichnet;

> *„...die systemische Schleife lehrt uns, dass wir immer wieder aufs Neue wahrnehmen, deuten und hypothetisieren müssen und wir nicht wissen können, was wir als Nächstes wahrnehmen, deuten und hypothetisieren werden ..." (Barthelmess 2016, S. 198)*

In der Pre-Boarding Phase könnte diese Methode genutzt werden, um den Einarbeitungsplan nicht nur aus Sicht des Unternehmens anzufertigen, sondern den neuen Mitarbeiter aktiv mit einzubinden. Hierfür wäre ein persönliches Gespräch oder ein Telefonat erforderlich. In diesem würde der Vorgesetzte die vorgesehenen einzelnen Stationen der Einarbeitung erläutern und den neuen Mitarbeiter um seine Sicht auf die einzelnen Stationen bitten. Hierbei können die systemischen Fragen helfen, die vorhandenen Informationen zu ergänzen, Hypothesen zum Kenntnisstand in bestimmten fachlichen Bereichen zu bilden und diese durch weitere Fragen zu bestätigen bzw. neue aufzustellen. Dies kann dann Veränderungen in der Einarbeitung nach sich ziehen.

Es geht darum, neben den fachlichen Aspekten die Erwartungshaltung des neuen Mitarbeiters in den Einarbeitungsplan einfließen zu lassen. Beginnen könnte der Vorgesetzte mit einer offenen Frage zur Einschätzung der Dauer der Einarbeitung.

- „Welchen Zeitraum für die Einarbeitung würden Sie für angemessen halten?"

Damit wird der neue Mitarbeiter gebeten, seine subjektive Einschätzung abzugeben.

Weitere Fragen würden speziell auf die Arbeitsthemen abgestellt werden.
Beispielsweise:
- „Welche Erfahrungen haben Sie bisher mit der Zerspanungstechnik gesammelt?"
- „Würde ein Fortbildungskurs in digitaler Drucktechnik die Einarbeitung unterstützen?"
- „Wie ausgeprägt sind Ihre Excel-Kenntnisse?"

Systemische Fragen

Zur Unterstützung der Kommunikation in der Pre-Boarding Phase kann die Methode des systemischen Fragens eingesetzt werden. Die systemischen Fragen sind das Hauptinstrument systemischen Vorgehens, welches ermöglicht, in einer schwierigen Situation unterschiedliche Perspektiven einzubeziehen sowie Folgedynamiken zu sehen und neue Handlungsmöglichkeiten zu eröffnen. Unter diesem Begriff werden eine Reihe von spezifischen Frageformen und -möglichkeiten zusammengefasst. In einigen Veröffentlichungen wird der Begriff zirkuläres Fragen als Oberbegriff verwandt. Die zirkulären Fragen sind aus Sicht des Verfassers jedoch nur ein – wenngleich wesentlicher - Teil der systemischen Fragen. (vgl. Möller-Brix 2014, S. 49f.)
Die systemischen Fragen unterstützen die Hypothesenbildung bzw. machen den Prozess der systemischen Schleife erst möglich. Dabei geht es um gezielte Informationssammlung, Bildung von Hypothesen, Planung und Umsetzung von Interventionen. Dabei sind Interventionen im betrieblichen Zusammenhang Anregungen, Empfehlungen, ein Verhalten zu ändern oder eine Maßnahme umzusetzen. Es geht hierbei um die bewusste strukturierte Umsetzung der gewonnen Informationen in Aktionen.

7.2.2   In der Boarding I – Konfrontationsphase

Analogien und Metaphern
Sinnbildhafte Methoden zur Betrachtung eines Unternehmens stellen einen Ansatz zur gemeinsamen metaphorischen Visualisierung von Herausforderungen dar, die auf diesen

Übertragungsleistungen basiert. Die Mitarbeiter werden gebeten, ihr Unternehmen, ihre Abteilung oder ihr Arbeitsumfeld auf eine ausgewählte Allegorie zu übertragen und zu visualisieren. Dies eröffnet die Möglichkeit, ganz neue Aspekte zu berücksichtigen und Komplexität von Sachverhalten zu reduzieren. Gleichzeitig kann etwas Neues artikuliert und mit bekannten Worten und Konzepten verglichen und erklärt werden. Die Metaphern rufen mentale Bilder hervor. (vgl. Schlippe/Schweitzer 2016, S. 318ff.; Grote et al. 2014, S. 77ff.; Törneke 2012, S.131ff.)

Die Nutzung von Metaphern und Analogien ermöglicht uns, Ähnlichkeiten zwischen ganz unterschiedlichen Ereignissen/Erlebnissen durch Generalisierungen auszudrücken. „In den meisten Fällen lassen sich die Konzepte von Analogie und Metapher nicht klar unterscheiden, nicht einmal in wissenschaftlichen Untersuchungen." (Törneke 2012, S. 135)
Der erste Tag der Tätigkeit und das Gespräch mit dem Vorgesetzten eignen sich für die Anwendung einer oder mehrerer Analogien und/oder Metaphern. Dabei sind diese im Vorfeld zu bilden bzw. zu visualisieren. Eine spezifische Metapher, die die Arbeitsweise in der Abteilung widerspiegelt, kann ohne viele Worte ausdrücken, was diesen Bereich so einzigartig macht. Sie hilft dem neuen Mitarbeiter, sich schnell ein „Bild" zu machen.

Wenn beispielsweise der Vorgesetzte die Gewinnverteilung oder die Tantiemeregelung erläutert, kann die Metapher oder Analogie von den Wikingern herangezogen werden. „Wir sitzen alle in einem Boot. Rudern gemeinsam und machen gemeinsame Beute. Diese Beute wird an alle (Mitarbeiter) verteilt. Erbeuten wir nichts, gibt es nichts zu verteilen." Diese Analogie kann auch als Erklärung für die individuelle Zielvereinbarung hinzugezogen werden, die trotz Erreichung der Ziele nur dann eine finanzielle Komponente auslöst, wenn das Unternehmen Gewinn gemacht hat. Weitere Metaphern oder Analogien können sich mit dem Führungsstil oder der Unternehmenskultur befassen.

Ergänzt werden können diese durch professionell erstellte Visualisierungen von Prozessen, Strategien, Konzepten und Marken (beispielhaft:
https://www.dialogbild.de/;
http://www.illigens.biz/strategische-visualisierung-strategiebilder/).

Es besteht gleichfalls die Möglichkeit, den neuen Mitarbeiter im Gespräch um eine Metapher zu seinen beruflichen Erfahrungen, seinem Arbeitsstil oder seinen Erwartungen zu bitten. Dabei kann diese als Bild oder kleine Geschichte dargestellt werden. Es bietet sich so die Möglichkeit an, im Gespräch handlungsleitendes Wissen zu erschließen.

Der Mitarbeiter kommt in Kontakt mit seinen Erfahrungen und kann auch komplexe Sachverhalte „bildlich auf den Punkt bringen."

> *„Gute Metaphern und Analogien haben die Kraft, spontan Kommunikationsanschlüsse mit interaktiven Sinnverstehen auszulösen: Sie machen uns neugierig und willig, soziale Interaktionen einzugehen, weil wir an den Erlebnissen anderer teilnehmen wollen. Dagegen fällt es uns oft schwer, die eigenen Gedanken, Ideen, und Deutungsmuster loszulassen und uns auf die anderer Menschen einzulassen."* (Krizanits 2015, S. 54)

Zeitstrahl / Zeitlinie / Time-Line

Diese Methode kann auch im Rahmen der Einarbeitung an verschiedenen Stellen eingesetzt werden. Sie ermöglicht, bestimmte Ereignisse, Sachverhalte, Projekte etc. und geplante Aktivitäten strukturiert in einem zeitlichen Ablauf darzustellen. Dabei geht es darum, auf einer Linie die horizontal oder vertikal verlaufen kann, die verschiedenen Aspekte abzutragen. Dabei wird in den meisten Anwendungsfällen in Vergangenheit, Gegenwart und Zukunft unterschieden. (vgl. Elbe 2014, S. 104ff.)

Einen überaus interessanten Gesichtspunkt stellt James (2002) dar, in dem er nach unterschiedlichen Zeittypen differenziert. Nach seinen Untersuchungen kann man Menschen grundsätzlich in „Through-Time"-orientierte und in „In-Time"-orientierte Personen unterscheiden. Erstere sind im anglo-europäischen Raum und letztere im arabischen, islamischen sowie südlichen (in warmen Klimazonen gelegenen) Ländern zu finden. Es ist das Zeitverständnis, das den Unterschied ausmacht. Im arabischen Zeitverständnis spielt sich Zeit immer auf einmal und jetzt ab. Es gibt kein richtiges Konzept von Zukunft. Befragt man Menschen aus diesen unterschiedlichen Zeit-Regionen, so wird man feststellen, dass sie die Zeit anders abspeichern, beschreiben und wahrnehmen. (vgl. ebd., S. 23ff.) Für unsere Betrachtung gehen wir vom anglo-europäischen Menschen aus.

Der Einarbeitungsplan, der dem Mitarbeiter bereits in der Pre-Boarding Phase zugesandt wurde, kann für die ersten Wochen in Form eines Zeitstrahls dargestellt werden. Die einzelnen Einarbeitungsschritte und Maßnahmen wie Einarbeitung am Arbeitsplatz, Abteilungsdurchläufe, Einführungs- Orientierungsseminar, Kunden-/ Lieferantenbesuche und die geplanten Feedbackgespräche können auf einer Zeitachse dargestellt werden. So erhält der Mitarbeiter einen visuellen Überblick über die zeitliche Abfolge seiner Einarbeitung. Darüber hinaus sollten bereits feststehende Termine wie Produktpräsentationen oder Abteilungs-/Teammeetings mit aufgenommen werden. Anhand dieser Gesamtdarstellung führt der Vorgesetzte den Mitarbeiter in die geplanten Maßnahmen ein.

Abb. 6: Ausriss Einarbeitungsplan erste Woche als Zeitstrahl (eigene Darstellung)

7.2.3 In der Boarding II – Orientierungsphase

Zeitstrahl / Zeitlinie / Time-Line

Jedes Unternehmen hat eine Geschichte die es einzigartig macht. Bei Unternehmen geht es darum, wer hat sie gegründet, welche Entwicklung wurde eingeschlagen, welche Erfolge, welche Niederlagen hat es gegeben? Für die Einarbeitung und Integration ist es wichtig, die Geschichte und die Eigentümlichkeiten des Unternehmens kennenzulernen. Hierzu kann der Vorgesetzte eine Zeitlinie nutzen und gemeinsam mit einem älteren Mitarbeiter, idealerweise einem „Gründungsmitglied" des Unternehmens, eine „Zeitlinien-Wanderung" durchführen. Dabei wird zuerst festgelegt, welcher Zeitrahmen und welche Abteilung (oder das gesamte Unternehmen) betrachtet werden soll. (vgl. Schlippe/Schweitzer 2014, S. 117)

„Eine Repräsentation der Zeitlinie wird im Raum ausgelegt (meist ein Seil) und mit markanten Punkten versehen (Zettel mit Jahreszahlen oder Daten)." (ebd., 2014, S. 116) Sinnvoll ist es, den Zeitrahmen so zu wählen, dass er mit dem Eintritt des ältesten Mitarbeiters beginnt. Der Vorgesetzte bittet dann alle Abteilungsmitarbeiter sich je nach Betriebseintritt an der Zeitlinie aufzustellen. Er selbst wird dann mit dem ältesten Mitarbeiter die Zeitlinie abschreiten und bei jedem Jahr haltmachen, in dem ein Mitarbeiter eingetreten ist. Dieser berichtet dann, was in dem Jahr für das Unternehmen (die Abteilung) besonders wichtig und charakteristisch war. So entsteht ein Bild von der Entwicklung des Unternehmens mit den Veränderungen und den subjektiv empfundenen Dingen, die für das Unternehmen und den jeweiligen Mitarbeiter von Bedeutung waren. Der neueingestellte Mitarbeiter hat so die Möglichkeit, das Unternehmen (die Abteilung) ganz anders wahrzunehmen. Je nach Durchführung besteht auch die Möglichkeit, Fragen an die einzelnen Mitarbeiter zu stellen. Diese Art des „Abteilungs-Durchlaufs" kann als teambildende und teamerklärende Maßnahme genutzt werden. (vgl. Schlippe/Schweitzer 2014, S. 117.; Schwing/Fryszer 2017, S. 88ff.)

Zirkuläre Fragen

Mithilfe der zirkulären Fragen sollen die Sichtweisen anderer Personen oder Personengruppen in die Betrachtung mit einbezogen werden. Sie ermöglichen, eine Perspektive eines Außenstehenden mit in die eigenen Überlegungen einzubeziehen.

Zirkuläre Fragen können genutzt werden, um komplexe Zusammenhänge zwischen unterschiedlichen Verhaltensweisen einzelner Beteiligter deutlich zu machen, ohne dass alle anwesend sein müssen. Dies in wertschätzender Form und ohne die Beteiligten bloßzustellen. Das Ziel ist unter anderem das Aufzeigen verschiedener Handlungsalternativen. (vgl. Radatz 2015, S. 204)

Finden im Rahmen der Einarbeitung Kunden-/Lieferantenbesuche statt, so können diese im Nachgang durch zirkuläre Fragen „aufgearbeitet" werden. Dabei wird der neue Mitarbeiter angeregt, sich in andere Personen hineinzuversetzen und dabei einen anderen

Blickwinkel innerhalb des Systems einzunehmen. Beispielsweise könnte der begleitende Vorgesetzte fragen, was aus Sicht des Mitarbeiters wohl der Kunde von der Vorstellung/Einführung/Präsentation gehalten hat. Weiterhin, was wohl der Vorgesetzte selbst für einen Eindruck vom Auftritt des Mitarbeiters beim Kunden gewonnen hat. Diese Fragetechnik provoziert ein Mutmaßen im Beisein eines anderen über dessen Meinungen, Bedürfnisse, Verhalten oder Motive. (vgl. Brüggemann et al. 2016, S.55 f.; Schlippe/Schweitzer 2014, S. 42 f.; Müller 2003, S. 114 ff.)

Die zirkulären Fragen im engeren Sinn fordern den Mitarbeiter auf, nicht aus eigener Perspektive eine Einschätzung zu geben, sondern sich in die Rolle des Kunden oder Vorgesetzten zu versetzen und sich von dort selbst zu betrachten. Man kann auch sagen, dass diese Fragetechnik ein „ums Eck fragen" darstellt (vgl. Krizanits 2015, S. 50).
Die Fragen könnten folgendermaßen gestellt werden:

- „Was glauben Sie, wie der Kunde Ihr Verhalten in der Präsentation einschätzt?"
- „Was vermuten Sie, wie ich Ihre Vorstellung einschätze?"

Durch die Beantwortung der zirkulären Fragen, entstehen neue Informationen im sozialen System (Unternehmen).
Diese Art des Fragens bietet sich auch für den Paten / Mentor an. Er kann im Rahmen der regelmäßigen Gespräche den Mitarbeiter nach der Einschätzung des Verhältnisses zu seinem Vorgesetzten fragen. Die Frage wäre folgendermaßen formuliert:

- „Was denken Sie, wie Ihre Arbeitskollegen die Beziehung zwischen Ihnen und Ihrem Vorgesetzten einschätzen?"

Gleiches gilt umgekehrt für das Verhältnis zu den Arbeitskollegen.

- „Was denken Sie, wie Ihr Vorgesetzter die Beziehung zwischen Ihnen und Ihren Arbeitskollegen einschätzt?"

Durch diese Fragen, werden beim Mitarbeiter Denkprozesse angeregt. Darüber hinaus werden Beziehungsmuster deutlich. Der Mitarbeiter schaut aus einer Außenperspektive auf das eigene soziale System. Die jeweilige Antwort sollte gewürdigt werden und ergibt die Möglichkeit daran anzuknüpfen und weitere Fragen zu stellen. Dies ermöglicht dann, eine Vernetztheit der Denk-, Gefühls- und Sichtweisen des Mitarbeiters deutlich zu machen. (vgl. Barthelmess 2016, S. 219 ff., Patrzek 2015, S. 21 ff.; Schlippe/Schweitzer 2014, S. 42ff.)

Einen besonders praktischen Hinweis auf die Nützlichkeit der zirkulären Fragen liefert Wilke (2015):

> *„Denkt und spricht an in seiner eigenen Rolle, dann kommt ein Gegenüber in seiner anderen Rolle … beinahe zwangsläufig in einen überzogenen Gegensatz. Jeder Rolleninhaber für sich sieht sich ganz schnell Angriffen ausgesetzt, in die Defensive gedrängt, missverstanden, hintergangen und was das reale Leben sonst noch so bietet. Bezeichnenderweise gilt das für jeden Beteiligten an einer sozialen Konstellation. Dadurch spielen sich Kommunikationsmuster, Routinen, Mantras, Standardvorwürfe, Vorurteile etc. ein, die in weiteren Kommunikationen in aller Regel nur noch bestärkt werden. Einfach nur mehr kommunizieren, bringt dann gar nichts.*
> *In solchen Situationen kann die Methode des zirkulären Fragens als Basis einer zirkulären Intervention frappierende Erschütterungen der eingefahrenen Routinen bewirken … . Denn nun muss sich jede Person in die Rolle des Gegenübers oder der Gegenüber versetzen und dessen/deren Sicht sich und andere beobachten."* (ebd., S. 72)

Prozentfragen

Diese Art des zirkulären Fragens lädt dazu ein, bestimmte Sachverhalte genauer zu differenzieren. Bei den Sachverhalten kann es sich um Konzepte, Ideen, Überzeugungen, Meinungen übereinander oder auch Stimmungen handeln. „Sie vermögen insbesondere Ambivalenzen, widersprüchliche Strebungen in einzelnen und in sozialen Systemen zunächst zu verdeutlichen und im weiteren Verlauf zu „verflüssigen"." (Schlippe/ Schweitzer 2014, S. 46). Eine Einsatzmöglichkeit wäre im Rahmen der regelmäßigen Feedback Gespräche in Bezug auf die Einarbeitung gegeben. Mögliche Fragen wären:

- „Was würden Sie sagen, zu wie viel Prozent ist die Einarbeitung im Themenkomplex X aus Sicht Ihres Teamleiters abgeschlossen?"
- „Wenn ich Ihre Kollegen befragen würde, wie viel Prozent Ihrer Arbeitszeit Sie für die Projektarbeit Y verwenden. Was würde ich zur Antwort bekommen?"
- „Wenn Sie sich unser Unternehmen anschauen, wie hoch schätzt das Controlling den prozentualen Anteil am Unternehmensergebnis (Deckungsbeitrag), den unsere Abteilung beiträgt?"

- „Sie berichten, dass Sie gleichrangig neben der Projektarbeit auch die Führungsarbeit schätzen. Überlegen Sie bitte einmal, für welche der Tätigkeiten würden Ihre Mitarbeiter 51% und für welche 49% ansetzen?"
- „Für wie sicher halten Ihre Kunden auf einer Skala von 0 bis 100% die erfolgreiche Vermarktung unseres neuen Produktes Z? Und wie hoch schätzen Sie auf dieser Skala die Einschätzungen Ihrer Teammitglieder ein?"

Übereinstimmungsfragen

Gehören gleichfalls zu der Gruppe der zirkulären Fragen. Sie geben Antworten auf Zustimmung oder Ablehnung eines Sachverhalts. Je nach Inhalt der Frage gibt die Antwort Hinweise auf mögliche betriebliche Beziehungskonstellationen oder Bündnisse. Das „Wer mit Wem?" wird sichtbar gemacht. Die Fragen ermöglichen, auch ein Feedback auf die vorangegangenen Fragen/Aussagen zu geben.

Mögliche Fragen wären:

- „Sehen Sie das genauso wie Ihr Vorgesetzter oder würden Sie eher widersprechen?"
- „Die schlechte wirtschaftliche Entwicklung Ihrer Abteilung wird durch den Abteilungsleiter mit der weltweiten Finanzkrise begründet. Teilen Sie diese Einschätzung?"
- „Die Kollegen lehnen das geplante neue Warenwirtschaftsprogramm ab, wie stehen Sie dazu?"

Skalierungsfragen

Sie dienen dazu, Unterschiede zu hinterfragen. Diese können sich aus unterschiedlichen Sichtweisen und Beziehungen ergeben. Man kann die Fragen nach psychischen, räumlichen (gilt auch für Personen) und nach zeitlichen Unterscheidungen unterteilen. Durch die Skalierung werden die einzelnen Unterscheidungen in eine Rangreihe gebracht. Krizanits (2015) hat dies bildhaft wie folgt beschrieben:

> *„Skalierungsfragen zäumen das Pferd von hinten auf: Sie führen den Befragten nicht auf die Beschreibungsebene, sondern auf die Bewertungsebene hoch oben auf der Leiter, und zwar mit der Einladung: „Auf einer Skala von 0 bis 10 ...Wie schwerwiegend ist das Problem für Sie?" Die Frage kann noch einmal zirkulär gestellt werden: „Wenn ich dem Verkaufsleiter dieselbe Frage stellen würde, wie würde er das bewerten?"" (ebd., S. 53)*

Wenn die durchgeführten Abteilungsdurchläufe besprochen und reflektiert werden, dann könnten folgende Fragen gestellt werden:

- „Wie zufrieden sind Sie mit den Abteilungsdurchläufen auf einer Skala von 0 bis 10?"
- „Was waren aus Ihrer Sicht die drei wichtigsten Stationen die Sie durchlaufen haben?"
- „Klassifizieren Sie bitte die einzelnen Abteilungen nach Wichtigkeit für Ihre Tätigkeit nach: sehr wichtig, wichtig, informativ, überflüssig."

Es kann an die gegebenen Antworten angeknüpft werden und weitere zirkuläre Fragen gestellt werden. Beispielsweise zur letzten Frage:

- "Wie würde Ihr Teamleiter die Klassifizierung der einzelnen durchlaufenen Abteilungen vornehmen?"

Die Skalierungsfragen geben dem Vorgesetzten eine Methode an die Hand, mit er den Mitarbeiter genau da abholen kann, wo dieser sich befindet. Unabhängig davon, welche Eindrücke der Mitarbeiter gesammelt hat und wie zufrieden er mit den Abteilungsdurchläufen ist, er bekommt die Aufmerksamkeit und Wertschätzung für seine Sicht der Dinge. Dies ist auch der Grund, warum sich die Skalierungsfragen auch für schwierige Gespräche eignen. (vgl. Krizanits 2015, S. 53)

Refraiming (Umdeutung)
Im Rahmen des Integrationsprozesses ergeben sich vielfältige Situationen, in denen bestimmte Situationen, Sachverhalte oder Anweisungen nicht mit den Erwartungen des neuen Mitarbeiters oder seiner Kollegen übereinstimmen. Es kann eine andere Sicht auf einen Sachverhalt sein oder abweichende für den Mitarbeiter nicht zu erklärende Verhaltensweisen. Es können aber auch gerade die Verhaltensweisen des Mitarbeiters sein, die für Unmut bei den Kollegen sorgen. Brüggemann et al. (2016) formulieren vier Ziele für das Refraiming:

> - *„Einem Geschehen oder einer Aussage des Kunden [Mitarbeiters] einen anderen Sinn geben.*
> - *Einen prägnanten Unterschied zur bisherigen Wirklichkeitskonstruktion herstellen.*
> - *Dem Kunden [Mitarbeiter] eine andere Perspektive zur Verfügung stellen.*
> - *Die Bedeutung des Gesagten verändern."* (ebd., S. 140)

Nach Barthelmess (2016) kann ein Sachverhalt, eine Situation, ein Problem, welches einem Mitarbeiter begegnet gleichberechtigt als negativ oder positiv betrachtet werden. Es kommt darauf an, durch welche „Brille" auf die Situation geschaut wird. (vgl. ebd., S. 206 f.). Dies bedeutet, die gleiche Beobachtung aus unterschiedlichen Perspektiven betrachtet, ergibt unterschiedliche Resultate. Refraiming steht für eine neue Bedeutungszuweisung durch Veränderung des Rahmens (frame), in dem das Ereignis stattfindet (vgl. Schwing/Fryszer 2017, S. 242; Königswieser/Hilebrand 2017, S. 90, 100).

Durch das Refraiming wird ein neuer Wirklichkeitsaspekt konstruiert, der an die Stelle des bisherigen tritt und dem Mitarbeiter eine neue Sicht auf die Dinge ermöglicht, die genauso gut oder besser ist als die alte Sicht. Kann die Umdeutung erfolgreich umgesetzt werden, so blockiert sie die vorherige unbefriedigende Einstellung. (vgl. Watzlawick 2000, S. 102 ff.)

Bei der Nutzung der Integrationstools Mentoren-/Patenprogramm oder Feedback Gespräche können die Prozessverantwortlichen Mentor/Pate oder der Vorgesetzte das Instrument Refraiming einsetzen.

Beispielhaft sei ein häufig nachfragender und zur starken Kontrolle neigender Mitarbeiter genannt. Dieser bringt durch sein Verhalten „Unruhe" und „Ablehnung" in das neue Team. Sein Verhalten wird von den Kollegen als störend empfunden. Im Rahmen eines Refraimings können diese Eigenschaften bzw. sein Verhalten umgedeutet werden in eine präzise Aufgabenerfüllung und einen hohen Qualitätsanspruch an die eigene Arbeit. Diese Umdeutung kann dann zur Akzeptanz des Verhaltens führen, wenn sie arriviert durchgeführt wurde. (vgl. Balz/Plöger 2015, S. 85f.)

Die Begründer des Refraimings Richard Bandler und John Grinder (1992) beschreiben es wie folgt:

> *„Das Problem, mit dem sich das Refraiming beschäftigt, besteht in der Art, wie Menschen generalisieren. Manche Menschen bedenken niemals, daß sie in drei Jahren wieder in der gleichen Situation sein werden... . Es gibt keine Nutzbarmachung (Utilisation) in dem Prozeß, den die meisten Leute beim Generalisieren benutzen. Refraiming heißt: „Sie können es so oder so betrachten. Die Bedeutung, die Sie jetzt zumessen, ist nicht die „wahre" Bedeutung. Alle diese Bedeutungen sind wohlgeformt innerhalb Ihres Verständnisses der Welt."(ebd., 1992, S. 55f.)*

Das Refraiming kann unterschieden werden in Bedeutungs-, Inhalts- und Kontextrefraiming. Eine ganz klare Abgrenzung ist nicht immer möglich. Beim Bedeutungsrefraiming wird die Bedeutung die einem störenden Verhalten beigemessen wird, verändert. Dies kann zu ganz verblüffenden Ergebnissen führen und endet vielfach in dem Ausspruch: „So habe ich das noch nie gesehen." Beim Inhaltsrefraiming wird versucht, die hinter dem störenden Verhalten liegende „gute Absicht" vom störenden Verhalten zu trennen. Es geht hier um den Sinn des Verhaltens, der vordergründig nicht erkennbar ist. Beim Kontextrefraiming geht es um die Frage, in welchem Kontext das Verhalten sinnvoll wäre und unter Umständen sogar die beste Lösung darstellt. Dies kann beispielhaft ein aggressiver Mitarbeiter sein, der sich in herausfordernden Verhandlungen ohne Schwierigkeiten durchsetzen kann. Die Aggressivität als störendes Verhalten oder als Eigenschaft des Mitarbeiters, kann in diesem Kontext sehr nützlich sein. (Vgl. Schlippe/Schweitzer 2017, S. 76ff.)

Das Refraiming kann auch im Rahmen einer systemischen Strategieentwicklung auf die Sicht eines ganzen Unternehmens angewandt werden.

> *„Um die ... Glaubenssätze einer Organisation zu irritieren, hilft es, das Unternehmen oder die Organisations-einheit aus unterschiedlichen Perspektiven zu beleuchten. Dadurch steigt die Wahrscheinlichkeit, die eigenen Wahrnehmungsverzerrungen und –vorlieben zu relativieren und miteinander Schritt für Schritt zu einer angemessenen Sicht der eigenen Realität zu kommen."*
> *(Nagel/Wimmer 2015, S. 66)*

7.2.4 In der Bording III - Integrationsphase

SWOT-Analyse

Nachdem der Mitarbeiter einige Monate im Unternehmen tätig ist, kann im Hinblick auf ein systematisches Reflektieren das Instrument der SWOT-Analyse angewandt werden. Das Akronym SWOT steht für vier Analyseeinheiten: Stärken (**S**trengths), Schwächen (**W**eaknesses), Chancen (**O**pportunities), Risiken (**T**hreats). Diese lassen sich nach einer internen und einer externen Dimension unterteilen. Die erstgenannten Analyseeinheiten stellen die interne Sicht und die beiden Letztgenannten die externe Sicht dar. Darüber hinaus besteht die Möglichkeit, eine Zeitkomponente zu berücksichtigen. Die Analysen können durch den neuen Mitarbeiter einmal für das Unternehmen oder die Abteilung und dann auch für sich selbst angefertigt werden. Gerade mit dem Blick auf das Unternehmen oder die Abteilung erhält der Vorgesetzte Informationen, die nicht durch lange Betriebszugehörigkeit „getrübt" sind. Der Mitarbeiter reflektiert seine bisherige Einarbeitung und stellt seine Stärken und Schwächen in der Ausführung seiner Aufgaben im Verhältnis zu seinen Kollegen oder der Stellenanforderung dar. Mit dem Blick in die Zukunft werden die Chancen und Risiken seiner zukünftigen Entwicklung antizipiert. (vgl. so ähnlich Grote et al. 2014, S.83, Rasmussen 2015, S. 160ff.)

Reflecting Team

Neben der Bewertung der individuell erbrachten Leistung des Mitarbeiters steht die Zusammenarbeit im Team bzw. in der Abteilung im Fokus. Es geht darum, die Arbeitsbeziehungen bestmöglich zu gestalten und Missverständnisse und/oder Konflikte frühzeitig anzusprechen. Dabei „…ist [nichts] ertragreicher, als den Blick auf die Kommunikation des Moments zu legen." (Erpenbeck 2018, S. 79) Diese wird nicht immer reibungslos verlaufen. Damit Konflikte nicht bilateral zwischen den Mitarbeitern oder Mitarbeiter und Führungskraft bearbeitet (gelöst) werden, bietet sich die Methode des Reflecting Team an.

Dabei wird eine Situation mit Repräsentanten inszeniert und gleichzeitig von einem oder mehreren reflektierenden Teams aufmerksam beobachtet. Jedes Team erhält eine Perspektive aus der es das Geschehen verfolgt. Nach einiger Zeit werden die reflektierenden Teams gebeten, sich untereinander im Team über das beobachtete Gespräch der Repräsentanten auszutauschen (Metalog).

Dies passiert im Beisein der Repräsentanten und der übrigen Teams, wobei so getan wird, als seien diese nicht im Raum. Nachdem sich alle Teams ausgetauscht haben, unterhalten sich die Repräsentanten erneut über die Situation und die Sichtweisen der reflektierenden Teams. (vgl. Arnold 2015, S. 117; Schlippe/Schweitzer 2016, S. 335 f.)

Die Methode zielt auf eine Erweiterung der Beobachtungsperspektiven und der Vergrößerung des Möglichkeitsraums. Wobei die Repräsentanten nur die Dinge aufnehmen, die für sie wichtig erscheinen.

Beispielhaft nehmen wir einen Konflikt des neuen Mitarbeiters mit seinem Teamleiter an.

Der Abteilungsleiter, der Vorgesetzter des Teamleiters und des neuen Mitarbeiters ist, bittet zu einer Abteilungssitzung. An dieser nehmen neben dem Abteilungsleiter 8 Mitarbeiter (2 Teams à 4 Personen) teil.

In einem großen Raum wird die Gruppe aufgeteilt. Einerseits der Abteilungsleiter und der mit dem Konflikt beladende Mitarbeiter, andererseits die zwei Teams mit 3 und 4 Mitarbeitern. Der Vorgesetzte und der neue Mitarbeiter setzen sich in die Mitte des Raums. Sie stellen das „Interviewsystem" dar. Die zwei Teams setzen sich jeweils in eine Ecke des Raumes, aus der sie das Interviewsystem gut beobachten und hören können.

Der Vorgesetzte befragt den Mitarbeiter zu der konfliktbeladenen Situation. Dabei geht es um die Beschreibung und Wertung aus Sicht des Mitarbeiters. Die beiden reflektierenden Teams hören sich die Sicht des Kollegen an. Dann wird Team 1 gebeten, im Beisein des Interviewsystems und des Teams 2 sich über das Gespräch und eigene Empfindungen und Gedanken zum Konfliktfall wertschätzend auszutauschen (Metalog). Anschließend tauscht sich Team 2 in einem Gespräch aus. Der Vorgesetzte achtet darauf, dass die Äußerungen der reflektierenden Teams möglichst im Konjunktiv erfolgen.

Nachdem alle Teammitglieder zu Wort gekommen sind, findet das Gespräch wieder zwischen dem Vorgesetzten und dem Mitarbeiter statt. Dabei werden die Punkte aufgegriffen, die für den neuen Mitarbeiter andere Sichtweisen auf den Konflikt eröffnen. Diese Abfolge der Kommunikation und Reflektion durch die Teams kann bei Bedarf dann in einer zweiten Runde fortgesetzt werden. Der konfliktbeladene Mitarbeiter hat das letzte Wort.

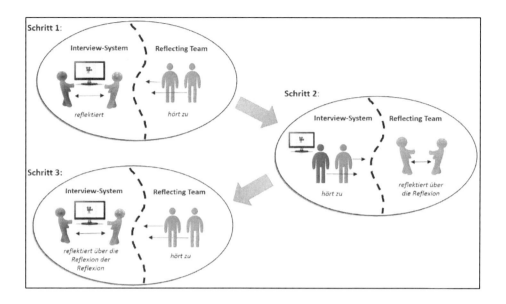

Abb. 7: Ablauf des Reflecting Team aus Göbel/Neuber 2018, S. 65

Schlippe/Schweitzer (2016) beschreiben es so:

> „Das, was für die Zuhörer [gemeint ist das Interviewsystem A.d.V] einen Unterschied macht, nehmen sie auf, das andere lassen sie beiseite. So können die Zuhörer eine Rückmeldung über die Art einholen, wie sie selbst ihre Wirklichkeit konstruieren. Auf eine besonders leichte Weise ist es so möglich, Angebote in den Möglichkeitsraum hinein zu machen, die leicht abgelehnt werden können." (ebd., S. 336)

Diagnosebaum

Ein weiteres Instrument der Selbstreflexion eines Teams oder einer Organisation stellt der Diagnosebaum dar. Hierbei handelt es sich um eine Darstellung von Ulrich Erhardt, die bisher nur im Studienbrief SB0920 im Fernstudium Systemische Beratung veröffentlicht wurde. Es handelt sich um ein einfach zu nutzendes Instrument, von dem positive Impulse zum organisationalen Lernen ausgehen. Es geht darum, einem Team oder eine Organisation in strukturierter Form Klarheit über Vergangenheit, Gegenwart und Zukunft zu verschaffen. Prozessleitend sind drei Fragestellungen:

- Woher kommen wir – Vergangenheit?
- Wo stehen wir heute – Gegenwart?
- Wohin wollen wir – Zukunft? als Team/Organisation.

Der praktische Ablauf gestaltet sich wie folgt:

Die Teammitglieder zeichnen auf einem Flipchart gemeinsam ihre Entstehung, wichtige Ereignisse und Entwicklungen als Wurzeln des Baumes und stellen damit die Vergangenheit dar. Diese kann gemeinsame Erfahrungen, Herausforderungen, Produkte oder konzeptionelle oder geistige Strömungen umfassen. Die Gegenwart wird als Stamm gezeichnet und in diesen wird all das eingetragen, was aktuell das Team ausmacht. Dies können die Geschäftsfelder, Kundensegmente, aber auch die Facilities und weiche Faktoren wie Teamgeist, Transparenz, Lernkultur und Ähnliches sein. An diesem Punkt kann der neue Mitarbeiter aktiv seinen Beitrag leisten. Er kann seine noch frische Sicht auf das Team bzw. die Organisation einbringen. Im letzten Schritt wird dann die Krone durch das Team gezeichnet. In ihr zeigt sich die Zukunft in Form der Vision die erreicht werden soll. (vgl. Grote et al. 2014 S. 86f.)

Der Effekt für den neuen Mitarbeiter liegt u. a. auch darin, dass er die Entwicklung des Teams mit seinen Besonderheiten erfährt und über die Geschichten und Entwicklungen über die Vergangenheit einen noch besseren Zugang zur Gegenwart erhält. Die Zukunft gestaltet er gemeinsam mit den Kollegen.

Positionsskulptur oder Who-is-who-Skulptur
Die Teamentwicklung in einem Unternehmen lässt sich durch die Methode der Positionsskulptur gut unterstützen. Diese bietet sich an, wenn einerseits in verschiedenen Bereichen neue Mitarbeiter eingestellt wurden und andererseits ein aktuelles Thema (Herausforderung X) welches abteilungsübergreifend ist, diskutiert und gelöst werden soll. Dabei können mit dieser Methode die unterschiedlichen Vorerfahrungen sowie die speziellen Kompetenzen der einzelnen Mitarbeiter sichtbar gemacht werden. Dies schafft untereinander Transparenz und die Möglichkeit, vorhandenes Wissen auch aus benachbarten Abteilungen zur Problemlösung zu nutzen. (vgl. Schlippe et al. 2017, S.110ff.)

Hierzu könnten die Mitglieder einer Abteilung und alle Kollegen, die eine Schnittstellenfunktion in einer anderen Abteilung einnehmen, zu einem halbtägigen Workshop geladen werden. Dabei geht es darum, die neuen Mitarbeiter nicht nur mit ihrem Team, sondern vor allem auch mit den Kollegen zusammenzubringen, die im innerbetrieblichen Leistungserstellungsprozess vor- oder nachgelagert an Schnittstellen tätig sind. Die Personen sollen möglichst schnell in einen konstruktiven Arbeitskontakt treten. Das Ergebnis wären Informationen über die Fragen: „Was verbindet mich und was unterscheidet mich von wem?" Darüber hinaus die Erkenntnis, wie können wir gemeinsam – abteilungsübergreifend – die Herausforderung X lösen?

Der Ablauf könnte sich wie folgt gestalten:

Damit ein unkomplizierter Kontakt entsteht und nicht die Mitarbeiter die sich schon kennen in Gruppen zusammenstehen, werden durch einfache Fragen neue Gruppen gebildet. Diese Fragen betreffen beispielsweise die Berufserfahrung, Betriebszugehörigkeit, die Berufsausbildung, den Studien- oder Geburtsort. Der Vorgesetzte oder Moderator platziert unterschiedliche Punkte im Raum und belegt diese mit Jahresangaben. Beispielsweise Berufserfahrung 0 -3 Jahre, über 3 bis 10 Jahre, über 10 bis 20 Jahre und über 20 Jahre. Die Teilnehmer stellen sich dann an den Ort, der ihrer Berufserfahrung entspricht. Mit den anderen Merkmalen wird im Prinzip gleich verfahren. Unterstützende Hilfsmittel wie Bodenanker, eine Zeitlinie oder eine Landkarte für Studien- und Geburtsorte werden eingesetzt. So ergibt sich in kurzer Zeit eine wechselnde Gruppenzusammensetzung und die Teilnehmer erhalten einen Überblick über die Verteilung der Berufserfahrung, Betriebszugehörigkeit usw. Im nächsten Schritt könnten dann Fragen zur Zusammenarbeit gestellt werden und deren Intensität.

- „Mit wem haben Sie bisher noch nicht zusammengearbeitet?"
- „Wir wem haben Sie ein bis fünfmal zusammengearbeitet?
- „Mit wem arbeiten Sie regelmäßig zusammen?"

Auch hier stellen sich die Teilnehmer zusammen und werden zusätzlich gebeten, sich über das Aufgabengebiet und die Schnittstellen auszutauschen. Durch diese Fragen werden vorhandene Arbeitsbeziehungen deutlich und vertieft, bisher nicht vorhandene begründet. Im weiteren Verlauf geht es dann um die aktuelle Herausforderung X, die abteilungsübergreifend zu bearbeiten ist. Entsprechend spezifische Fragen sollen die Teilnehmer anregen, Lösungen zu erarbeiten.

Die Positionsskulptur ermöglicht es, von einem schnellen informellen Austausch auf die Bearbeitung der gemeinsamen Aufgabe hinzusteuern. Dabei werden die Teilnehmer durch das Gehen und das Stehen auch physiologisch in dem Sinn angesprochen, dass etwas in Bewegung gerät. (vgl. Schlippe/Schweitzer 2017, S. 110 ff.; Schlippe et al. 2017a, S. 119 ff.)

8 Kritische Würdigung der Prozessinstrumente

Betrachtet man nicht nur die einzelnen Prozessinstrumente, sondern die übergeordnete Zielsetzung ihrer Anwendung, nämlich die Integration, ist kritisch anzumerken, dass es nicht **das** Instrument gibt, noch, dass es eine Rangfolge in der Wirkung gibt. Alle drei Integrationsebenen fachlich, sozial und wertorientiert sind ausschlaggebend für die Erreichung des Ziels – nämlich die Integration des neuen Mitarbeiters. (vgl. Bartsch 2016, S. 12)

Es geht bei der Integration auf den Ebenen II (soziale Integration) und III (wertorientierte Integration) um Anpassung der neuen Mitarbeiter an die Strukturen, Prozesse und Regelungen des Unternehmens. Damit sind auch die ungeschriebenen Regelungen gemeint. Aus systemischer Perspektive ist die Funktion vieler Prozessinstrumente des Onboardings für neue Mitarbeiter im Nichtlernen des Unternehmens zu sehen. Provokant ausgedrückt hat nicht der zu integrierende Mitarbeiter ein Defizit, sondern das Unternehmen möchte sich nicht verändern. Es ist leichter neue Mitarbeiter zur Akzeptanz der Unternehmenskultur zu bewegen, als diese oder die sie ausdrückenden Kommunikationsmuster der Unternehmung zu verändern. (vgl. Groth 2017, S. 96)

Auf den ersten Blick erscheint die fachliche Integration als die Ausschlaggebende für den Prozess zu sein. Befolgt der neue Mitarbeiter jedoch nicht die ungeschriebenen Gesetze im Unternehmen oder findet keine Angleichung der persönlichen und unternehmerischen Werte statt, wird das Beschäftigungsverhältnis nicht von langer Dauer sein.

Der Wunsch als neuer Mitarbeiter **vor** Arbeitsbeginn an einer Einführungs- oder Orientierungsveranstaltung teilzunehmen, lässt sich vielfach nicht realisieren. Die Gründe liegen einerseits auf Seiten des neuen Mitarbeiters, der noch in einem Beschäftigungsverhältnis steht und gerade zum Ende seiner bisherigen Tätigkeit vielfach mit Überleitungsaufgaben konfrontiert ist. Ein weiterer Hinderungsgrund sind versicherungsrechtliche Fragen. „Wer haftet bei einem Unfall auf dem Weg oder während der Veranstaltung?"

Wenn davon ausgegangen wird, dass mehrere neue Mitarbeiter an der Veranstaltung teilnehmen sollen, sprechen von Seiten der Unternehmung vor allem organisatorische Gründe gegen einen Termin vor Arbeitsaufnahme. Es ist unwahrscheinlich, alle neuen Mitarbeiter vor Arbeitsbeginn zu einer Veranstaltung zusammen zu bekommen. Ein weiterer psychologischer Aspekt ist die Angst vor einer Kündigung vor Vertragsantritt.

9 Evaluierung und Qualitätssicherung des Prozesses

Der gesamte Prozess der Integration stellt eine Investition in den neuen Mitarbeiter dar. Dieser verursacht tatsächliche Kosten beispielsweise für externe Seminare, spezielle Arbeitsmittel und indirekte Kosten für eingebrachte Zeit der Vorgesetzten, Kollegen und Personen an Schnittstellen, die am Integrationsprozess beteiligt sind. Der effektive Nutzen der durchgeführten Maßnahmen kann nur beurteilt werden, wenn diese einer Evaluierung unterzogen werden. "Dabei geht es keineswegs darum, den Handelnden Fehler nachzuweisen, sondern Hinweise zur Optimierung des Vorgehens zu finden." (Kanning 2014, S. 524)

9.1 Zielsetzung

Eine grundsätzliche Feststellung in Bezug auf die Durchführung von Evaluationen in Organisationen trifft Meyer (2013):

> *„Der Einsatz von Monitoring und Evaluation innerhalb einer Organisation empfiehlt sich vor allem dann, wenn es sich bei den Aktivitäten der Organisation nicht um regelmäßig, routinemäßig zu erfassende Leistungen handelt, die immer wieder zu denselben Ergebnissen führen (sollen). In diesen Fällen reichen die einfachen, im Rahmen von Qualitätsmanagementsystemen entwickelten, Checklisten und standardisierten Prüfverfahren zur Steuerung vollkommen aus." (ebd., S. 82)*

Der Onboarding Prozess kann thematisch der Personalentwicklung zugeordnet werden. Damit richtet sich der Blick auf Evaluationsmethoden, die im Bereich der Personalentwicklung angewandt werden. „Die Evaluation bezieht sich dabei prinzipiell auf das inhaltliche und methodische Design der Maßnahmen, ihre Umsetzung und ihren Effekt im Hinblick auf die zuvor festgelegten Ziele." (Lohaus/Habermann 2016, S. 143). Bei dem Integrationsprozess stehen als Ziele die fachliche, soziale und wertorientierte Integration in das Unternehmen im Vordergrund. Es geht ferner darum, dass die neuen Mitarbeiter durch die Tätigkeit keine gesundheitlichen Schäden erleiden, noch dass sie dem Unternehmen Schaden zufügen (vgl. so ähnlich Moser et al. 2018, S. 27).

Ein weiterer Ansatzpunkt sind die einzelnen Integrationsmaßnahmen, die im Rahmen des Prozesses durchgeführt wurden. Diese sind im Hinblick auf ihren erwarteten und tatsächlich erbrachten Nutzen zu überprüfen.

9.2 Vier-Ebenen-Modell

Ein vielfach verwendetes Modell der Evaluation von Trainingsmaßnahmen stellt das Vier-Ebenen-Modell von Kirkpatrick (2006) (zitiert nach Kauffeld, 2010, S. 112f.) dar. Im Nachfolgenden wurde dieses Modell durch den Verfasser auf den Integrationsprozess angepasst.

Abb. 8: Vier-Ebenen-Modell der Evaluation in Anlehnung an Kirkpatrick (eigene Darstellung)

Dieses Modell betrachtet vier notwendige Evaluationsebenen, die alle nacheinander betrachtet werden sollten. Die erste Ebene betrachtet die Mitarbeiter, die den Onboarding Prozess bzw. die einzelne Integrationsmaßnahme durchlaufen haben. Wie empfinden sie die durchgeführten Maßnahmen? Dabei geht es um die Zufriedenheit mit unterschiedlichen Aspekten, wie zeitlicher Ablauf, Organisation, Inhalte aber auch das soziale Miteinander. Die Erhebung wird regelmäßig über einen Fragebogen durchgeführt. Alternativ könnte im Rahmen des letzten Feedback Gespräches die Informationen vom Mitarbeiter eingeholt werden.

Auf der zweiten Ebene geht es vor allem um den spezifischen Ausbau der Fachkenntnisse. Hat der Mitarbeiter die für das Aufgabengebiet notwendigen Fachkenntnisse erworben. Ist er in der Lage, die anstehenden Herausforderungen, Zielsetzungen der Abteilung zu verstehen und mit Kollegen gemeinsame Lösungen zu generieren? Der Lernerfolg sollte durch eine Fremdeinschätzung beurteilt werden. Der Einsatz des vermittelten Wissens im Arbeitsalltag sowie die Befolgung der geschriebenen und ungeschriebenen Gesetze des Unternehmens werden auf der Verhaltens- bzw. Transferebene beurteilt. Es geht darum, ob sich das Arbeitsverhalten – im Sinne der Anpassung an das neue Unternehmen – verändert hat. Diese Beurteilung sollten die direkten Kollegen, der Teamleiter und Schnittstellenpersonen vornehmen. Hilfreich können im Einzelfall auch Arbeitsanalysen sein.

In der letzten Ebene geht es vor allem um den wirtschlichen Nutzen für das Unternehmen. Hat sich die Einstellung des Mitarbeiters und der Integrationsprozess gelohnt? Leistet der Mitarbeiter einen Wertbeitrag zum Abteilungs- und Unternehmensergebnis. Liefert er qualitativ und quantitativ die erwarteten Arbeitsergebnisse?

Diese Überprüfung kann nur mit Hilfe des Vorgesetzten durchgeführt werden. Zusätzlich können Schlüsselkunden dahingehend befragt werden, ob sie mit dem neuen Ansprechpartner zufrieden sind. Ein exakt wertbasiertes Ergebnis lässt sich in vielen Fällen nicht ermitteln. (vgl. Kauffeld 2010, S. 112f.; Knepel 2012 o.S.; ähnlich Kanning 2014, S. 525f.)

Die Ergebnisse der vier Ebenen sollten in jedem Fall schriftlich festgehalten werden. Nur so ist es möglich, den Integrationsprozess im Sinne eines iterativen Prozesses zu optimieren.

Einen interessanten Hinweis gibt die Untersuchung von van Buren & Erskine (2002) die die Erfolgskontrolle bezogen auf Trainingsevaluation wie folgt erhoben haben. „Während 78% der Unternehmen Zufriedenheitserfolg messen, sind es beim Lernerfolgt nur noch 32%. Für den Transfererfolg interessieren sich nur noch 9% und für den Unternehmenserfolg lediglich 7%." (zitiert nach Kauffeld 2010, S. 113)

9.3 Direkte Messung und indirekte Methode

Bartsch (2016), schlägt zwei grundsätzliche Methoden vor, mit denen die „Passung" eines neuen Mitarbeiters beurteilt werden kann. Diese sind die direkte Messung durch eine Befragung von Personen nach ihrer Wahrnehmung der Passung. Diese Art wird auch als wahrgenommene Passung bezeichnet. Darüber hinaus nennt er die indirekte Methode, durch Vergleiche von Größen der Person mit Größen der Umwelt. Diese indirekte Methode wird in die der subjektiven Passung und der objektiven Messung unterschieden. Bartsch kommt abschließend zu dem Ergebnis, dass Teilnehmer einer Befragung in jedem Fall nur ihre subjektiv wahrgenommene Umwelt beurteilen können und direkte Messungen mit Vorsicht verwendet und interpretiert werden sollen. (vgl. ebd., S. 16 f.)

Inhaltlich übereinstimmend, aber konkreter beschrieben sehen Moser et al. (2018) zwei Möglichkeiten der Messung der Passung von Individuum und Organisation. Der Mitarbeiter wird direkt gefragt, wie er seine Passung zum Unternehmen einschätzt. Dabei zielen die Fragen auf die Übereinstimmung der persönlichen Werte mit den Werten der Organisation, sowie den erwarteten und tatsächlichen Merkmalen des Arbeitsplatzes und der Kongruenz zwischen Anforderungen und Fähigkeiten des Mitarbeiters. (vgl. ebd., S. 41)

Die andere Möglichkeit ist die, dass sich der Mitarbeiter anhand von vorgegebenen Begriffen selbst beschreibt. Dabei geht es um persönliche Werte, Einstellungen, Ziele und Verhaltensweisen. Anhand der gleichen Begriffe beschreibt dann ein anderer Mitarbeiter das Unternehmen. Die Ergebnisse der so gewonnenen Profile werden übereinandergelegt und man kann die Passung des Mitarbeiters zum Unternehmen ablesen. (vgl. ebd., S. 41)

9.4 Fluktuation

Der primäre Indikator für eine misslungene Integration ist die Frühfluktuation. Diese wird zeitlich dem ersten Jahr der Tätigkeit zugeordnet. Unterschieden werden sollte hier, ob der Mitarbeiter gekündigt hat oder ob das Unternehmen die Kündigung ausgesprochen hat. Im Hinblick auf eine Erfolgsmessung des Integrationsprozesses ist nur die erste Variante zu betrachten. Wenn der Kündigungswunsch vom Unternehmen ausgeht, ist nicht der Integrationsprozess entscheidend, sondern die Personalauswahl an sich. Im Rahmen der Rekrutierung wurden dann nicht die notwendigen Informationen über den Bewerber eingeholt oder überprüft und/oder ein unzureichender Abgleich der gegenseitigen Erwartungshaltungen vorgenommen.

Ein weiterer Aspekt ist der, dass in der betrieblichen Praxis im Probezeitablaufgespräch bei negativer Beurteilung dem Mitarbeiter nahegelegt wird, das Unternehmen von sich aus zu verlassen. Der Mitarbeiter kündigt zwar, die Initiative geht aber in diesem Fall vom Arbeitgeber aus. Darüber hinaus sind bei Frühfluktuationen auch äußere Rahmenbedingungen zu beachten. Bei geringen Arbeitslosenzahlen und damit verbunden einem Arbeitnehmermarkt, sowie einer „umkämpften" Branche und vorhandenen Spezialkenntnissen, wird ein Mitarbeiter leichter eine Eigenkündigung aussprechen. (vgl. Moser et al. 2018, S. 43)

9.5 Humankapital – Saarbrücker Formel

Ein etwas anderer Ansatz ist eine Evaluierung unter Zugrundelegung der laufenden Bewertung des Humankapitals nach der Saarbrücker Formel (Abb. 4). Die 2005 von Scholz an der Universität des Saarlandes entwickelte Formel hat bei einer Reihe von Wissenschaftlern und Praktikern Kritik hervorgerufen. Diese bezog sich auf die große Anzahl von Informationen die es gilt zu verarbeiten und gleichzeitig auf den Multiplikator den „Motivationsindex Mi". Dieser ist nach Ansicht von vielen Kritikern nicht zweifelsfrei zu ermitteln. Gleichwohl gibt es seit Veröffentlichung keine neuere Methode, das Humankapital in einem Unternehmen in Gänze zu ermitteln.

Nicht geeignet ist die Formel für eine Unternehmensbewertung, die die vorhandenen Assets des Unternehmens für eine Fusion oder einen Verkauf ermitteln möchte. Wird nur die unternehmensinterne Entwicklung betrachtet, dann sind Zeitreihenvergleiche anhand dieser Formel durchaus aussagefähig und können als Evaluierungsinstrument im weiteren Sinne genutzt werden. (vgl. Schmidt 2018, S. 58)

Abb. 9: Saarbrücker Formel nach Scholz 2014, S. 127   © Vahlen

$$HC := \sum_{i=1}^{g} \left\{ \left[FTE_i \cdot l_i \cdot f(w_i, b_i) + PE_i \right] \cdot M_i \right\}$$

Legende:
i = Beschäftigtengruppe (Index)
FTE: Full-Time-Equivalents
l = Marktgehalt
w = Erosion an Wissenssubstanz
b = Betriebszugehörigkeit
PE = Personalentwicklungskosten
M = Mitarbeitermotivation (commitment, context, retention)

9.6   Zeitpunkte der Evaluierung

Nicht jede durchgeführte Integrationsmaßnahme entfaltet sofort ihre Wirkung. Oftmals benötigt es etwas Zeit, damit die ineinandergreifenden Maßnahmen ihre Wirkungen zeigen. Es ist darauf zu achten, dass der Mitarbeiter nicht das Gefühl erhält, auf dem internen Prüfstand zu stehen.

Der Integrationsprozess sollte zu unterschiedlichen Zeitpunkten überprüft werden. Es bieten sich der Abschluss der Orientierungsphase nach drei Monaten und das Ende der Probezeit nach sechs Monaten an. Wird die Integration über die Probezeit hinaus fortgesetzt, sollte eine abschließende Evaluierung nach 12 Monaten und damit am Ende der Integrationsphase durchgeführt werden. (vgl. Lohaus/Habermann 2016, S. 149)

10 Rechtliche Aspekte des Onboarding

Bei der rechtlichen Betrachtung der Integration muss als erstes auf das Arbeitsverhältnis abgestellt werden. Was unter einem Arbeitnehmer und einem Arbeitsverhältnis im rechtlichen Sinne zu verstehen ist, wird nachfolgend erläutert.

Das Bundesarbeitsgericht (BAG) hat in ständiger Rechtsprechung für den Begriff des Arbeitnehmers drei Voraussetzungen als Prüfkriterien festgelegt. Es handelt sich um: „das Leisten von Arbeit aufgrund eines privatrechtlichen Vertrags und das Bestehen einer persönlichen Abhängigkeit" (Vogelsang 2011, S. 46). Auch das Betriebsfassungsgesetz (BetrVG), welches die Mitbestimmung in Unternehmen regelt, führt keinen abweichenden Arbeiternehmerbegriff ein. Es wird auf die Definition des BAG verwiesen. (vgl. Fitting et al. 1998, S. 164)

„Ein Arbeitsverhältnis wird als das zwischen einem Arbeitgeber und einem Arbeitnehmer bestehende Rechtsverhältnis bezeichnet und nach §§ 611–630 BGB in Verbindung mit §§ 241 – 432 BGB (Schuldrecht) umfassend geregelt." (vgl. Huber 2018, S. 21) Im Rahmen der Integration eines Arbeitnehmers sind zahlreiche gesetzliche und/oder arbeitsvertragliche Vorschriften zu beachten. Es handelt sich um sämtliche Arbeitnehmerschutzgesetze wie beispielsweise das Arbeitszeitgesetz, Arbeitsschutzgesetz, Arbeitssicherheitsgesetz, Mutterschutzgesetz, Jugendarbeitsschutz, Kündigungsschutz u. a. aber auch Gesetze mit speziellen Regelungstatbeständen die nicht primär dem Schutz dienen. Zu nennen wären das Berufsbildungsgesetz, Nachweisgesetz, Mindestlohngesetz, Bundesurlaubsgesetz, Allgemeines Gleichbehandlungsgesetz oder das Entgeltfortzahlungsgesetz.

Diese Aufzählung ist nicht abschließend und soll nur einen Hinweis auf die Vielfalt der Vorschriften geben. Mit konkreten Auswirkungen auf das Onboarding sind die nachfolgend ausgewählten drei (rechtlichen) Aspekte gewählt worden.

10.1 Probezeit

Die Grundlage für die Tätigkeit des neuen Mitarbeiters ist sein Arbeitsvertrag. Dieser wird auf Grundlage des § 611a Bürgerliches Gesetzbuch (BGB) begründet. Er regelt die aus dem Vertrag entstehenden gegenseitigen Pflichten und Ansprüche, insbesondere die zu erbringende Arbeitsleistung sowie die Vergütung des Arbeitnehmers. Gleichfalls regelt das BGB die Möglichkeit der Vereinbarung einer Probezeit in § 622 Abs. 3. Diese kann längstens für 6 Monate vereinbart werden. Die Probezeit dient beiden Parteien zur Überprüfung, ob sie zueinander passen.

Die eigentliche rechtliche Relevanz liegt in dem Umstand begründet, dass während der Probezeit das Arbeitsverhältnis beidseitig mit verkürzter Kündigungsfrist soweit vereinbart und ohne Angabe der Kündigungsgründe aufgelöst werden kann. Diese Frist beträgt gemäß der einschlägigen Vorschrift dem § 622 Abs. 3 BGB mindestens zwei Wochen. Das für Kündigungen anzuwendende Kündigungsschutzgesetz (KSchG) greift erst für Arbeitsverhältnisse die länger als sechs Monate bestanden haben. Dieser Zeitraum wird als gesetzliche Wartezeit zur Erlangung des Kündigungsschutzes bezeichnet. Der Arbeitgeber kann während der Wartezeit das Arbeitsverhältnis kündigen, ohne einen Kündigungsgrund (personen-, verhaltens- oder betriebsbedingter Grund) gemäß KSchG nachweisen zu müssen. Darüber hinaus muss er den Betriebsrat (BR) zwar gemäß § 102 Abs. 1 Betriebsverfassungsgesetz (BetrVG) anhören, aber nicht umfassend die Kündigungsgründe darlegen. Es reicht aus, den BR davon in Kenntnis zu setzten, dass kein Interesse an der Fortführung des Arbeitsverhältnisses besteht (Bundesarbeitsgericht, Urteil vom 12.09.2013, 6 AZR 121/12).

Vor diesem rechtlichen Hintergrund, erhält der Integrationsprozess in den ersten sechs Monaten seine herausgehobene Rolle. Gelingt es, die Integration soweit voranzubringen, dass sowohl der neue Mitarbeiter als auch das Unternehmen, vertreten durch den

Vorgesetzten und Kollegen, zufrieden sind, kann das Arbeitsverhältnis und - soweit geplant - die Integration fortgeführt werden. Es wird deutlich, warum viele Autoren den gesamten Prozess der Integration auf sechs Monate begrenzen. Greift erst einmal der gesetzliche Kündigungsschutz und die Mitbestimmung, ist es für den Arbeitgeber sehr schwierig, eine Fehlentscheidung im Hinblick auf die Einstellung zu korrigieren.

Dieser Gesichtspunkt sollte aus Sicht des Verfassers nicht dazu führen, den gesamten Integrationsprozess auf sechs Monate zu begrenzen. Je nach Position und Aufgabenkomplexität kann, wie an anderer Stelle bereits ausgeführt, die Integrationsphase bis zu 12 Monate anhalten.

10.2 Geschäfts- und Betriebsgeheimnisse

Ein wesentlicher Punkt der Integration in der Pre-Boarding-Phase, d. h. vor Arbeitsantritt, ist die Bereitstellung von Informationen über das Unternehmen, den Arbeitsplatz und die Produkte. Je nach Funktion und Aufgabenspektrum können Kunden-/Lieferantenlisten oder Strategieüberlegungen bis hin zu Geschäftsfeldänderungen, die noch nicht publiziert worden sind, an relevante Zielgruppen von neuen Mitarbeitern weitergegeben werden.
Hierbei stellt sich die rechtliche Frage nach der Wahrung von Betriebs- und Geschäftsgeheimnissen. Besteht bereits in der Zeit vor der Arbeitsaufnahme ein entsprechendes Verbot der Weitergabe? Kann ein noch nicht tätiger Mitarbeiter bei Verstoß zur Rechenschaft gezogen werden?

Was verbirgt sich hinter der Bezeichnung Geschäfts- und Betriebsgeheimnis? Die Geschäftsgeheimnisse beziehen sich auf wirtschaftliche, die Betriebsgeheimnisse mehr auf technische Angelegenheiten. Hierzu gehören z. B. technisches Know-how, Warenbezugsquellen, Absatzgebiete, Kunden- und Preislisten. Ein Geschäftsgeheimnis braucht keinen bestimmten Vermögenswert zu besitzen, es reicht aus, wenn es sich für den Arbeitgeber nachteilig auswirkt, wenn die Information an Dritte, insbesondere Wettbewerber weitergegeben wird. Die Geheimnisse dürfen nur einem begrenzten Personenkreis bekannt sein. (vgl. Linck 2011, S. 527)

Bis in die Mitte der 70er Jahre des vergangenen Jahrhunderts wurde von *Treuepflichten* des Arbeitnehmers ausgegangen. Diese Sichtweise hat sich in der Rechtslehre und der

Rechtsprechung dahingehend gewandelt, dass ausgehend von einem Schuldverhältnis zwischen Arbeitgeber und Arbeitnehmer eine Reihe von Nebenpflichten zu beachten sind. Konkret handelt es sich um die Verschwiegenheitpflicht als arbeitsvertragliche Nebenverpflichtung aus dem Arbeitsvertrag. Daneben besteht eine gesetzliche Pflicht zur Wahrung von Betriebsgeheimnissen nach § 17 I Gesetz gegen den unlauteren Wettbewerb. Diese Pflicht ist strafbewehrt, d. h. sie kann bei Verstoß mit Freiheitsstrafe bis zu 3 Jahren oder mit Geldstrafe geahndet werden. (vgl. ebd., S. 514ff.) Da die Rechtsprechung ein Verbot auch nach dem Ausscheiden aus dem Unternehmen bejaht, ist im Umkehrschluss auch eine Pflicht während der Pre-Boarding-Phase anzunehmen. Der Mitarbeiter erhält die Informationen ausschließlich zur Vorbereitung seiner Integration in das Unternehmen und muss die Interessen des Arbeitgebers nach Treu und Glauben (§ 242 BGB) wahren. (vgl. Linck 2011, S. 526f.)

In der betrieblichen Praxis wird die Thematik der Betriebs- und Geschäftsgeheimnisse mittels einer separat zu unterzeichnenden Verpflichtungserklärung gelöst. In dieser können die Folgen einer Nichtbeachtung explizit aufgeführt und bei Bedarf zusätzlich mit konkret vereinbarten Vertragsstrafen verknüpft werden. Dieser Ansatz sollte bei Vorliegen obiger Fallgestaltungen in der Pre-Boarding-Phase berücksichtigt werden.

10.3 Arbeits- und Gesundheitsschutz

Eine Thematik die im Zusammenhang mit einem Onboarding nicht im Fokus steht, aber eine gesetzliche Verpflichtung darstellt, ist der Arbeits- und Gesundheitsschutz des neuen Mitarbeiters. Dieser wird u. a. geregelt im *Gesetz über die Durchführung von Maßnahmen des Arbeitsschutzes zur Verbesserung der Sicherheit und des Gesundheitsschutzes der Beschäftigten bei der Arbeit* (Arbeitsschutzgesetz - ArbSchG).

Das Gesetz findet auf alle Arbeitgeber unabhängig von der Rechtsform Anwendung. Verantwortlich für die Einhaltung ist der Arbeitgeber, sein gesetzlicher Vertreter, das vertretungsberechtigte Organ einer juristischen Person, der vertretungsberechtigte Gesellschafter einer Personenhandelsgesellschaft, Personen, die mit der Leitung eines Unternehmens oder eines Betriebes beauftragt sind, im Rahmen der ihnen übertragenen Aufgaben und Befugnisse (§ 13 ArbSchG).

Der Kern der gesetzlichen Regelungen lässt sich auf zwei Bereiche aufteilen. Diese sind die Beurteilung der Arbeitsbedingungen gemäß § 5 ArbSchG und die Unterweisung der Mitarbeiter nach § 12 ArbSchG. Der Arbeitgeber ist nach § 5 Abs. 1 ArbSchG verpflichtet, eine Gefährdungsbeurteilung durchzuführen. Dies bedeutet, dass er die möglichen Gefährdungen denen ein Mitarbeiter aufgrund der Ausführung seiner Tätigkeiten ausgesetzt ist, ermittelt und notwendige Arbeitsschutzmaßnahmen ergreift. Die Beurteilung muss für jede Tätigkeit bzw. Tätigkeitsgruppe durchgeführt werden. Der Gesetzgeber weist in § 5 Abs. 3 ArbSchG auf mögliche Gefährdungen hin.

Diese können sich ergeben durch:

- die Gestaltung und die Einrichtung der Arbeitsstätte und des Arbeitsplatzes,
- physikalische, chemische und biologische Einwirkungen,
- die Gestaltung, die Auswahl und den Einsatz von Arbeitsmitteln, insbesondere von Arbeitsstoffen,
- Maschinen, Geräten und Anlagen sowie den Umgang damit,
- die Gestaltung von Arbeits- und Fertigungsverfahren, Arbeitsabläufen und Arbeitszeit und deren Zusammenwirken,
- unzureichende Qualifikation und Unterweisung der Beschäftigten,
- psychische Belastungen bei der Arbeit.

In vielen Unternehmen finden sich freiwillige Maßnahmen zur betrieblichen Gesundheitsförderung. Diese werden in einigen Fällen vermischt mit den gesetzlichen Vorschriften nach dem ArSchG (vgl. BDA 2013, S.7). Nachfolgende Übersicht zeigt die unterschiedlichen Ansatzpunkte bzw. Unterscheidungsmerkmale.

Gefährdungsbeurteilung (ArbSchG)	Betriebliche Gesundheitsförderung
Tätigkeits- bzw. arbeitsplatzbezogen	Individuen- und organisationsbezogen
Untersucht die objektiven Gefährdungspotenziale einer Tätigkeit oder eines Arbeitsplatzes	Untersucht Rahmenbedingungen, Strukturen und Prozesse unter Berücksichtigung der subjektiven Wahrnehmung der Beschäftigten
Bezieht sich auf die Verhütung arbeitsbedingter Gesundheitsgefahren durch überwiegend verhältnispräventive Maßnahmen	Bezieht sich überwiegend auf verhaltenspräventive Maßnahmen für den Einzelnen
Ist eine Arbeitgeberpflicht und unterliegt der Mitbestimmung nach § 87 Abs. 1 Nr. 7 Betriebsverfassungsgesetz (BetrVG)	Ist eine freiwillige Leistung des Arbeitgebers und daher nicht mitbestimmungspflichtig
Ziel: Vermeidung arbeitsbedingter Gesundheitsgefährdungen durch Ermittlung und Umsetzung der erforderlichen Arbeitsschutzmaßnahmen	Ziel: Förderung von Leistungsfähigkeit und Leistungsmotivation mit passgenauen betrieblichen Maßnahmen über den gesetzlichen Arbeits- und Gesundheitsschutz hinaus

Abb.10: Übersicht Gefährdungsbeurteilung und betriebliche Gesundheitsförderung, Quelle: BDA 2013, S. 7

Der § 12 ArbSchG verpflichtet den Arbeitgeber, eine regelmäßige Unterweisung seiner Beschäftigten zu Sicherheit und Gesundheitsschutz am Arbeitsplatz vorzunehmen. Diese Verpflichtung präzisiert der Gesetzgeber in vier Fallgestaltungen. Die Unterweisung ist vorzunehmen:

- bei Einstellung,
- bei Veränderungen des Arbeitsbereiches,
- bei Einführung neuer Arbeitsmittel oder
- bei Einführung neuer Technologien jeweils **vor** Aufnahme der Tätigkeit (§ 12 Abs.1 ArbSchG).

Besteht in dem Unternehmen ein Betriebsrat, so hat der Unternehmer das zwingende Mitbestimmungsrecht gemäß § 87 Abs. 7 BetrVG zum Arbeits- und Gesundheitsschutz zu beachten.

Die gesetzliche Überwachung der Arbeitsschutzvorschriften übernimmt das jeweils zuständige Amt für Arbeits- und Gesundheitsschutz. Bei Verstößen gegen diese Vorschrift können bei Fahrlässigkeit oder Vorsatz Bußgelder zwischen € 25.000 und € 50.000, je nach Fallgestaltung verhängt werden. Bei beharrlicher Verweigerung oder Gefährdung des Lebens oder der Gesundheit von Arbeitnehmern, sind die Verstöße strafbewehrt, d. h. es können Geldstrafen oder Freiheitsstrafen bis zu einem Jahr verhängt werden (§§ 25, 26 ArbSchG).

Die Beachtung der vorgenannten Ausführungen ist für den Integrationsprozess relevant, da die Unterweisung **vor** Tätigkeitsaufnahme, d. h. im Rahmen der Konfrontationsphase stattfinden muss. Sie sollte daher bereits im Einarbeitungsplan berücksichtigt werden.

10.4 Betriebliche Mitbestimmung

Für den Prozess des Onboardings ist es wichtig zu wissen, ob dieser in Gänze oder einzelne Integrationsmaßnahmen ein Mitbestimmungsrecht gemäß Betriebsverfassungsgesetz (BetrVG) auslösen. Sollte dies der Fall sein, so ist vor Einführung des Prozesses, bzw. Umsetzung einzelner – mitbestimmungspflichtiger – Maßnahmen der Betriebsrat (BR) anzuhören.

In Betrieben mit in der Regel mindestens fünf ständigen wahlberechtigten Arbeitnehmern, von denen drei wählbar sind, kann ein BR gebildet werden (§ 1 BetrVG). Wurde ein BR gebildet, so greift die betriebliche Mitbestimmung auf der Grundlage des BetrVG. Die Ausprägung der Mitbestimmung lässt sich einteilen in Mitwirkungsrechte und Mitbestimmungsrechte. Nachfolgende Abbildung stellt die unterschiedlichen Ausprägungen der betrieblichen Mitbestimmung dar.

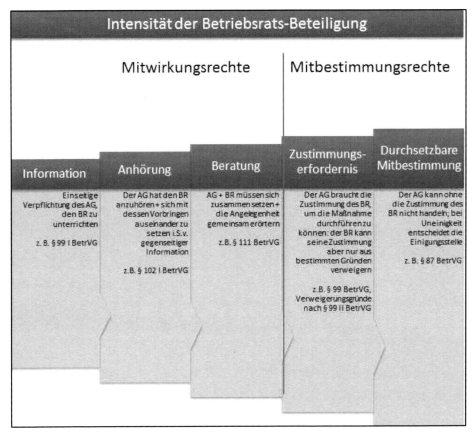

Abb. 11: Übersicht über die Mitwirkungsrechte des Betriebsrats aus ifb 2018 o.S.

Die zu prüfenden Vorschriften sind der § 87, BetrVG der eine Mitbestimmung in sozialen Angelegenheiten vorsieht und der § 99 BetrVG, der die Mitbestimmung bei personellen Einzelmaßnahmen regelt. In Betracht käme der § 87 Nr. 6, der die „Einführung und Anwendung von technischen Einrichtungen, die dazu bestimmt sind, das Verhalten oder die Leistung der Arbeitnehmer zu überwachen", regelt. Wenn für die regelmäßigen

Feedback Gespräche im Integrationsprozess elektronische Auswertungen im Hinblick auf die Arbeitsleistung oder das Verhalten erstellt und verwandt werden, liegt ein Mitbestimmungstatbestand vor. Werden jedoch die Eindrücke oder Ergebnisse des neuen Mitarbeiters handschriftlich in Notizen des Vorgesetzten festgehalten, löst dies kein Mitbestimmungsrecht aus.

Die §§ 99 - 105 BetrVG sehen ein Zustimmungsverweigerungsrecht des BR bei bestimmten Fallgestaltungen vor. Voraussetzung für diese Vorschrift ist, dass in dem Unternehmen in der Regel mehr als zwanzig wahlberechtigte Arbeitnehmer beschäftigt sind. Wenn dieser Umstand gegeben ist, muss der Arbeitgeber vor jeder Einstellung, Eingruppierung, Umgruppierung und Versetzung den BR unterrichten und ihm die notwendigen Unterlagen und Informationen zur Verfügung stellen. Der BR muss der geplanten Maßnahme zustimmen oder sein Verweigerungsrecht geltend machen (§ 99 Abs. 1 BetrVG).

Im Rahmen der Pre-Boarding-Phase, konkret nach Unterzeichnung des Anstellungsvertrages, ist die Einstellung gemäß § 99 BetrVG dem BR mitzuteilen und die Zustimmung einzuholen. Es bedarf nicht erst der Arbeitsaufnahme (vgl. Fitting et al. (1998, S. 1303f.).

Geht man davon aus, dass die Einführungs- oder Orientierungsveranstaltung eine betriebliche Bildungsmaßnahme darstellt, ist der § 98 BetrVG zu prüfen, der ein Mitbestimmungsrecht bei der Durchführung betrieblicher Bildungsmaßnahmen vorsieht. Fitting et al. (1998) führen dazu aus:

> *„Nicht unter Bildungsmaßnahmen [...] fallen die Unterrichtung der ArbN nach § 81 Abs. 1 S. 1 und 2 [...]. Informationen über Aufbau, Organisation und Bedeutung des Unternehmens, über seine wirtschaftliche Lage, Vertriebsschulungen, Unterweisungen in neue Geräte und Produkte gehen über die Unterrichtungspflichten nach § 81 Abs. 1 hinaus und unterliegen daher der Mitbestimmung des BR." (ebd., S. 1296f.)*

Unabhängig vom Bestehen einer betrieblichen Mitbestimmung, d. h. in allen Betrieben obliegen dem Arbeitgeber Unterrichtungs- und Erörterungspflichten die in den §§ 81ff. BetrVG geregelt sind. § 81 Abs.1 BetrVG schreibt vor, dass der Arbeitgeber den Arbeitnehmer über dessen Aufgabe und Verantwortung sowie über die Art der Tätigkeit und ihre Einordnung in den Arbeitsablauf des Betriebs zu unterrichten hat. Fitting et al. (1998) konkretisieren die Arbeitgeberpflicht, dass der

> *„... ArbN nicht nur über seinen eigentlichen **Aufgabenbereich** und die dafür zu tragende Verantwortung, sondern darüber hinaus auch über die **Bedeutung** seiner **Tätigkeit** im Größeren Rahmen des Arbeitsablaufs [...] des Betriebes und mögliche Auswirkungen auf die Umwelt zu unterrichten [ist].*
>
> *Die Unterrichtung erfolgt **vor Aufnahme** der tatsächlichen **Beschäftigung** im Betrieb. Eine allgemeine Beschreibung im Rahmen eines Vorstellungsgesprächs genügt nicht (hM)."* (Fitting et al. 1998, S. 1050f)

11 Diskussion und Handlungsempfehlungen
11.1 Diskussion

Man kann sich die Frage stellen, ob sich der Aufwand für die Etablierung eines umfassenden Onboarding Prozesses lohnt. Dabei ist zu berücksichtigen, dass jedes Unternehmen, das bereits neue Mitarbeiter eingearbeitet hat, über Instrumente und Maßnahmen verfügt, die es ermöglicht haben, dass der Mitarbeiter im Unternehmen verbleibt. Diese gilt es zu identifizieren, in eine sinnvolle Abfolge zu bringen und abschließend in einen strukturierten Prozess zu überführen. Dieser Prozess stellt dann den Rahmen dar, in dem jedes zielgruppenspezifische Onboarding stattfindet.

Dafür muss das Unternehmen Zeit investieren, die sich mit jedem neuen Mitarbeiter der den Prozess durchläuft bezahlt macht. Eine direkte Kostenbelastung für das Unternehmen entsteht nicht. Es sind betriebswirtschaftlich die Opportunitätskosten zu berücksichtigen.

Im Rahmen der gemachten Ausführungen in dieser Arbeit wurde u. a. auf die Zielgruppe d. h. die Differenzierung der neuen Mitarbeiter abgestellt. Zwei nicht untersuchte aber vorhandene Merkmale sind die Komplexität und die Dauer der zu übernehmenden Aufgaben. Je komplexer, anspruchsvoller und langfristiger die Tätigkeit, umso wichtiger ist der Integrationsprozess. Handelt es sich bei der Beschäftigung um eine Aushilfstätigkeit oder eine Kurzzeitbeschäftigung, die keine fachlichen oder speziellen persönlichen Qualifikationen erfordern, „schmilzt" der Integrationsprozess auf die Einweisung in die Tätigkeit am Arbeitsplatz sowie das Vorstellen des verantwortlichen Vorgesetzten ab. Es geht primär nicht um Integration, sondern um eine einfache Tätigkeit, die kurzfristig zur Überbrückung eines Engpasses oder ähnlichem zu erledigen ist. Wird für diese Tätigkeit, so einfach sie auch sein möge, eine langfristige Lösung in Form eines festangestellten Mitarbeiters gesucht, sollte neben der Einweisung auch auf eine soziale Integration geachtet werden. Bei komplexen Aufgaben mit Kunden/Lieferanten oder internen Schnittstellen sollte ein umfassenderer Integrationsprozess angestoßen werden.

Die Integration eines qualifizierten Mitarbeiters in ein neues Unternehmen sollte nach Ansicht des Verfassers nicht dem Zufall überlassen werden. Generell kann festgehalten werden, dass je nach Zielgruppe die Integrationsinstrumente individuell ausgewählt und zusammengestellt werden sollten.

11.2 Handlungsempfehlungen

11.2.1 Erster Arbeitstag

Im Zuge der Recherchen ist sehr deutlich geworden, welchen herausragenden Stellenwert die Konfrontationsphase, d. h. der erste Arbeitstag hat. Er kann in vielen Fällen darüber entscheiden, ob der Mitarbeiter eher optimistisch oder pessimistisch auf seine Zukunft im Unternehmen schaut. Selbst wenn er aus Sicht des Unternehmens die Probezeit besteht, ist dies kein Garant dafür, dass er zufrieden ist und sein volles Leistungspotential entfaltet.

Gerade in KMU kommt es auf jede Funktion an. Ein Mitarbeiter der sich innerlich nicht dem Unternehmen verbunden fühlt, somit keine Übereinstimmung seiner Werte mit denen des Unternehmens feststellt und unter Umständen Schwierigkeiten in der Zusammenarbeit mit Kollegen hat, kann in seiner destruktiven, störenden Art mehr Schaden anrichten, als ein nicht besetzter Arbeitsplatz. Eine Handlungsempfehlung lautet daher, den Mitarbeiter am ersten Tag nicht produktiv einzusetzen, sondern ihn im Unternehmen „ankommen zu lassen".

Der Schwerpunkt der Tätigkeit sollte daher in den Bereichen der sozialen und werteorientierten Integration liegen. Ein etwas späterer Arbeitsbeginn, die Begrüßung durch den Vorgesetzten, ein Unternehmensrundgang, gemeinsames Mittagessen und das vertraut machen mit dem Paten oder Mentor wäre ausreichend. Ergänzend könnten die am Arbeitsplatz vorhandenen Arbeitsmittel sowie Zugänge zu speziellen Softwareprogrammen, Internet und Intranet geprüft werden.

11.2.2   Inner- und außerbetriebliche Netzwerkbildung

Wenn die Arbeitsinhalte der neuen Position den Mitarbeitererwartungen entsprechen und beherrscht werden, dann bekommt neben der Arbeitszufriedenheit die persönliche Zufriedenheit einen ausschlaggebenden Stellenwert. Die soziale Integration in den Kollegenkreis ist dann entscheidend für die erfolgreiche Integration. Dieser Umstand sollte bedacht und berücksichtigt werden.

Der Vorgesetzte sollte eine unternehmensinterne Netzwerkbildung aktiv fördern. Dies kann beispielsweise erfolgen durch Mitteilung über Abteilungsstammtische, Betriebssportgruppen oder den Hinweis auf außerhalb des Unternehmens stattfindende Aktivitäten. Besteht gegebenenfalls ein privater Lauftreff, so wird ein neuer Mitarbeiter, der in seiner Freizeit läuft, in der Regel gerne „sportlich in die Gruppe aufgenommen."

Gibt es in der Abteilung eine offizielle oder inoffizielle WhatsApp-Gruppe, sollte der neue Mitarbeiter mit aufgenommen werden. Voraussetzung ist nur, dass alle Kollegen in dieser Gruppe vertreten sind. Ein weiterer Ansatzpunkt sind die sozialen Medien. Fast jedes Unternehmen ist auf XING, LinkedIn, Facebook oder anderen Medien vertreten. Hier kann die Anregung des Vorgesetzten dahin gehen, sich dort zu vernetzen oder aber als Follower regelmäßig Informationen zu erhalten.

11.2.3   Mentoring der gesetzlichen Wartezeit
Bei Integrationsprozessen von qualifizierten Mitarbeitern oder Führungskräften ist es geboten, die Entwicklung in den ersten sechs Monaten einem laufenden Monitoring zu unterziehen. Dieses gilt einerseits für die geplanten Integrationsmaßnahmen und andererseits für ihre Wirkung, d. h. den Erfolg der fachlichen, sozialen und wertorientierten Integration. Dieser Prozess sollte nicht in eine Art von laufender Beurteilung abdriften, vielmehr geht es darum, bei konkreten Ansatzpunkten um Klärung im Sinne von offener, konstruktiver Kommunikation mit dem Mitarbeiter.

Sinnvollerweise sollten nach drei Monaten die direkten Kollegen um eine Einschätzung der Zusammenarbeit gebeten werden. Diese sollte strukturiert anhand eines vorab entwickelten Rasters/Formulars „Zwischenbeurteilung" erfolgen. Der Vorgesetzte befragt die direkten Kollegen zu besonders positiv wahrgenommenen Punkten, zu noch offenen Themen der Einarbeitung, sowie zu möglichen zwischenmenschlichen Konflikten oder fachlichen Fehleinschätzungen. Diese Informationen helfen dem Vorgesetzten, dem Mitarbeiter im Gespräch zu verdeutlichen, was bisher gut gelaufen ist und was vor allem noch erwartet wird.

Eine Handlungsempfehlung zum Ende der Sechsmonatsfrist lautet, bei Zweifel an den fachlichen Kenntnissen, Schwierigkeiten in der Sozialisation und einem wenig ausgeprägtem Commitment, Trennung während der Probezeit. Das bedeutet eine Kündigung im Rahmen der vereinbarten verkürzten Kündigungsfristen mit Ausspruch vor Ablauf der Wartezeit im rechtlichen Sinn.

Diese Empfehlung gilt nur, wenn der gesamte Prozess der Integration umgesetzt wurde und die Instrumente sowie Maßnahmen planmäßig zur Anwendung kamen. Wer sich innerhalb von sechs Monaten bei begleitenden Gesprächen mit Vorgesetzten, Kollegen und Paten nicht in ein Unternehmen einfindet, passt im Sinne des P-O-Fit (Passung Person / Organisation) und P-J-Fit (Person / Arbeit) nicht. Wird dieser Handlungsempfehlung Folge geleistet, dann ist im Weiteren der vorangegangene Rekrutierungsprozess kritisch zu durchleuchten.

- Was hat den Ausschlag für die Einstellung gegeben?
- Wer war in den Prozess involviert?
- Wurden die gegenseitigen Erwartungshaltungen überprüft?
- Gab es bereits in dieser Phase Bedenken oder ablehnende Äußerungen zur Einstellung? Wenn ja, von wem und warum?

Nur wenn diese oder ähnliche Fragen abgearbeitet werden, können die Risiken bei der Nachbesetzung minimiert werden.

11.2.4 Einbindung des Betriebsrates

Einige rechtliche Aspekte wurden in Kapitel 10 dargestellt. Unabhängig davon, ob ein Anspruch auf Unterrichtung oder Mitbestimmung im Rahmen des BetrVG besteht, wird die Empfehlung ausgesprochen, den BR umfänglich in die Planung des Rahmenprozesses zum Onboarding einzubinden. Es geht um die einzelnen Integrationsmaßnahmen und den zeitlichen Ablauf sowie das geplante mitlaufende Monitoring der Integration.

Der BR kann aus seiner Sicht viele nützliche Hinweise geben. Ferner kann vereinbart werden, dass der neue Mitarbeiter auch die Möglichkeit hat, mit dem BR-Vorsitzenden ein Informationsgespräch zu führen. Dieses Vorgehen entspricht der Grundidee des Betriebsverfassungsgesetzes, nämlich der konstruktiven Zusammenarbeit von Arbeitgeber und Arbeitnehmervertretung. Sollte der unschöne Fall einer Trennung in der Wartezeit eintreten, ist der BR über den grundsätzlichen Integrationsprozess ausführlich informiert und könnte einer Probezeitkündigung nach Anhörung leichter zustimmen.

11.2.5 Digitale Lösungen

Unabhängig von der Größe des Unternehmens sollten bei den Überlegungen zur Einführung eines Integrationsprozesses die aktuellen technischen Entwicklungen beachtet werden. Neben der Tatsache, dass das Onboarding einen immer größeren Stellenwert einnimmt, wird dem Umstand, dass die zukünftigen Mitarbeiter als „Digital Natives" ins Unternehmen kommen, durch neue Softwareprogramme Rechnung getragen.

Es gibt mittlerweile mehrere Anbieter, die den gesamten Integrationsprozess in einer speziellen Software abdecken. Dabei wird das Programm mittels Applikation (App) auf dem Smartphone des Mitarbeiters installiert. Nachfolgend ein kleiner Einblick in die Software „Haufe myOnboarding" des Fachverlages Haufe aus Freiburg. Der Ausschnitt beschreibt die Funktionalitäten, die für die Pre-Boarding-Phase angeboten werden. Dabei wird das Programm mittels Applikation (App) auf dem Smartphone des Mitarbeiters installiert.

> **Was in dieser Phase wichtig ist**
>
> Der neue Mitarbeiter hat zwar seine Unterschrift bereits unter den Vertrag gesetzt, doch viele Einflüsse und Gedanken rund um die Job-Entscheidung können seine Entscheidung wieder in Frage stellen. Psychologisch ist eine Unsicherheit vorhanden, die das Unternehmen dem Mitarbeiter nehmen sollte.
>
> **Wie Sie Haufe myOnboarding unterstützt**
>
> Mit unserer Onboarding Software begeistern und begleiten Sie Ihre neuen Mitarbeiter ab dem Moment der Vertragsunterschrift.
>
> - Heißen Sie jeden neuen Mitarbeiter persönlich willkommen und gratulieren zur Entscheidung.
> - Zeigen Sie, wie Ihr Unternehmen und die Räumlichkeiten aussehen sowie welche kostenfreie Angebote vorhanden sind.
> - Geben Sie gleich zu Beginn einen einfachen und tiefen Einblick in Ihr Unternehmen – Kultur, Leitlinien, Geschichte.
> - Nennen Sie Ansprechpartner oder Paten, die bereits vor dem 1. Arbeitstag kontaktiert werden können.
> - Präsentieren Sie Ihre neuesten Produkte, Services und Veröffentlichungen sowie das neue Team.
> - Lassen Sie den neuen Mitarbeiter sein eigenes Profil editieren und stellen Sie ihn so den Kollegen bereits vorab vor.

Abb. 12: Darstellung der Funktionalitäten innerhalb der Pre-Boarding-Phase des Software Programms „Haufe myOnboarding" (Haufe Verlag 2018 o.S.).

Empfehlenswert ist die Nutzung einer technischen Lösung bei allen Unternehmen, die dezentral aufgestellt sind, aber einen einheitlichen Prozess sicherstellen wollen. Dabei sollten die elektronisch angebotenen Integrationstools auf ihre Sinnhaftigkeit und Passung für das Unternehmen überprüft werden.

12 Resümee

Das vorliegende Manuskript hatte zum Ziel, den Onboarding Prozess und ausgewählte Prozessinstrumente darzustellen und im Weiteren systemische Ansatzpunkte herauszuarbeiten. Hier galt es die forschungsleitende Frage

Welche systemischen Ansatzpunkte unterstützen einen erfolgreichen Onboarding Prozess?

nebst Unterfragen zu beantworten.

Bei der Beschreibung der einzelnen Prozessinstrumente bzw. Integrationsmaßnahmen wurde deutlich, dass es ohne intensive Vorbereitung von Seiten des Unternehmens keinen erfolgreichen Integrationsprozess gibt. Weiterhin zeigte sich, dass die Anzahl der Integrationstools für diese Arbeit einzugrenzen war. Gerade viele kleine Maßnahmen wie das gemeinsame Mittagessen mit dem Vorgesetzten und den Kollegen am ersten Tag oder institutionalisierte Kamingespräche, Aufnahme in eine Betriebssportgruppe, Bereitstellung eines Organigramms oder individuelle Coaching Maßnahmen wurden teilweise nur erwähnt. Es gibt zahlreiche firmeninterne oder branchenübliche Handlungen/Aktionen wie beispielsweise Deputate (Bier oder Wasser bei einem Getränkehersteller, Kaffee bei einem Kaffeehändler etc.), die eine Integration gerade auf der sozialen oder werteorientierten Ebene unterstützen.

Weiterhin wurde im Verlauf der Arbeit augenfällig, dass es die speziellen Integrationstools für KMU aus Sicht des Verfassers nicht gibt. Umgekehrt findet eher eine Abgrenzung dahingehend statt, dass nicht alle Tools auch für KMU geeignet sind. Auf der einen Seite ist es die oft nicht vorhandene Personalabteilung, die den Prozess aufsetzt und als federführende Instanz begleitet und andererseits wird oft das Fehlen von finanziellen Mitteln und der lange Zeitraum angeführt. Der Mitarbeiter soll möglichst schnell produktiv werden und seinen Wertbeitrag leisten. Gleichwohl gibt es in jeder Phase des Onboardings Integrationsmaßnahmen, die auch für KMU geeignet sind und keiner spezifischen Betreuung durch eine Personalabteilung bedürfen. Einen für den Prozess der Integration Verantwortlichen bedarf es in jedem Fall. Werden keine

Einführungs- oder Fachseminare im Rahmen der Integration besucht, so fallen als direkte Kosten „nur" die Zeit der Vorgesetzten, Paten und erklärenden Kollegen an.

Je detaillierter und strukturierter diese geplant wird, umso schneller stellt sich der Erfolg ein.
Die eklatante Wichtigkeit der Betrachtung aller drei Ebenen der Integration wurde umfassend belegt. Eine nur auf die fachliche Einarbeitung abzielende Integration ist nicht mehr ausreichend und wird ihr Ziel kurz- oder mittelfristig verfehlen. Ein Integrationsprozess sollte standardisiert sein und gleichzeitig je nach Mitarbeitergruppe individuell aufgesetzt werden. Es sind die Führungskräfte des Unternehmens gefordert, im Rahmen der Einstellungsgespräche bereits die Weichen im Hinblick auf den Einarbeitungsplan und die zu ergreifenden individuellen Integrationstools zu stellen.

Die spezifischen Themen die sich für bestimmte Mitarbeitergruppen ergeben, sind in dieser Arbeit nur angedeutet worden. Die Möglichkeiten und Notwendigkeiten der zusätzlichen auf die speziellen Bedürfnisse zugeschnittenen Integrationstools wären im Verhältnis zu den „normalen" Mitarbeitergruppen zu groß. Eine intensive Auseinandersetzung mit der Integration von beispielsweise Menschen mit Handikap oder ausländischer Herkunft würde eine separate Untersuchung erfordern.

Die systemische Grundhaltung und die Anwendung systemischer Methoden können nach Ansicht des Verfassers das Onboarding nachhaltig unterstützen. Aus dieser Annahme ergeben sich jedoch nicht zwingend neue zusätzliche Integrationsmaßnahmen. Es gilt vielmehr, die bereits im Unternehmen vorhandenen und genutzten Maßnahmen mit systemischem Gedankengut „aufzuladen". Neben den systemischen Haltungen können die systemischen Fragen überaus erfolgreich in den Prozess integriert werden. Sie lassen sich bei einer Vielzahl von Integrationstools unterstützend nutzen. Eine im betrieblichen Umfeld eher unbekannte Methode ist die Time-Line. Auch diese kann gewinnbringend im Rahmen des Prozesses an verschiedenen Stellen eingesetzt werden. Abschließend sei auf die Reflektionsarbeit sowohl des neuen Mitarbeiters als auch des Vorgesetzten hingewiesen. Diese stellt nach Auffassung des Verfassers eine systemische Methode dar, die einen beidseitig erfolgreichen Integrationsprozess nachhaltig unterstützt.

Zusammenfassend lässt sich aus den Ergebnissen ableiten, dass ein erfolgreiches Onboarding in KMU möglich ist. Die Maßnahmen und Methoden die auf der Grundlage der Systemtheorien entwickelt wurden, können erfolgsunterstützend eingebracht werden. Für die Umsetzung überaus hilfreich wäre, dass der betrieblich Verantwortliche für den Integrationsprozess sich mit den Grundlagen des systemischen Denkens bzw. des systemischen Managements auseinandergesetzt hat. Eine rein systemische Betrachtung bzw. Umsetzung der Integration ist nach Ansicht des Verfassers schwer umzusetzen.

13 Neuere Entwicklungen

Der überwiegende Teil der bisherigen Ausführungen wurde im vierten Quartal 2018 zusammengetragen und ausgewertet. Er wurde in einigen Bereichen durch neuere Veröffentlichungen ergänzt. Nachfolgend werden die Unternehmenskultur und insbesondere das „Cultural Fit" näher betrachtet. Dabei wird auch auf neuere elektronische Anwendungen eingegangen.

Darüber hinaus wird kurz auf das Re-Boarding als neue (mögliche) Prozessphase im Onboarding eingegangen. Abschließend werden die aus Sicht des Verfassers wichtigsten Erkenntnisse aus der Onboarding-Umfrage 2019 der Haufe Group behandelt.

13.1 Unternehmenskultur

Die Unternehmenskultur an sich, ist sicherlich keine neuere Entwicklung. Sie wird aus unterschiedlichen Sichtweisen betrachtet und zahlreiche Theorien der verschiedenen Denkschulen befassen sich mit ihrer Entwicklung, ihrer Auswirkung und ihrer Beeinflussbarkeit.

Baecker (2003) führt dazu aus:

> *„Wenn es ein bestimmtes Merkmal des Begriffs der Kultur gibt, dann die verbreitete Auffassung, dass dieser Begriff nicht zu definieren ist. Wer es trotzdem versucht, zeigt damit, dass er dem Begriff nicht gewachsen ist." (ebd., S. 33)*

Gleichwohl möchte sich der Verfasser mit diesem oftmals schillernden Begriff und den Auswirkungen auf den Onboarding Prozess auseinandersetzen. In der Literatur wird vielfach auf die Innovationsfähigkeit des einzelnen Mitarbeiters bei einer positiven Unternehmenskultur abgestellt. Positiv in diesem Sine meint eine hohe Deckung zwischen den persönlichen und den unternehmerischen Wertevorstellungen. Guldin/Golléri (2014) beschreiben die Voraussetzungen für eine hohe Innovationsfähigkeit des einzelnen Mitarbeiters, wenn „…die konsensuale Orientierung an gemeinsamen Zielen, das Vorhandensein optimaler Kommunikation- und Informationsstrukturen und der bewusste Verzicht auf aufwändige Kontrollsysteme [vorhanden sind]". (ebd., S. 622) Gerade in der heutigen Zeit, ist es für ein Unternehmen unabdingbar, dass insbesondere Führungskräfte innovativ und kreativ agieren.

Diesem Umstand tragen neuere Veröffentlichungen Rechnung und beschreiben die Wichtigkeit des Cultural Fit bei der Rekrutierung. Cultural Fit ist ein Begriff, der der Personalpsychologie zuzurechnen ist. Er beschreibt die Übereinstimmung zwischen Bewerbern und Arbeitgebern in Bezug auf Handlungsweisen und Wertevorstellungen.

An dieser Stelle könnte man die Frage stellen, ob es bei bestehendem und stetig zunehmenden Fachkräftemangel wirklich entscheidet ist, ob das Cultural Fit vorhanden ist oder nicht? Diese Fragestellung und Sichtweise ist „zu kurz gedacht". Gerade weil es so wichtig ist, die richtigen Mitarbeiter zu finden und zu binden, ist dieser Aspekt für die Auswahl und den nachfolgenden Onboarding Prozess so wichtig.

Es stellt sich für Unternehmen die Frage, wie ist unsere Unternehmenskultur und was erwarten wir von unserem neuen Mitarbeiter? Bei der Analyse der Unternehmenskultur wird häufig der Fehler gemacht, von einer Wunschkultur auszugehen und tatsächliche Gegebenheiten auszublenden bzw. gar nicht zu erfassen.

„Das Cultural Fit taugt als Auswahlinstrument nur dann, wenn auch jene Aspekte der Kultur herausgearbeitet werden, die in Form von Ritualen, Symbolen und dem Konfliktverhalten, Eingang in den betrieblichen Alltag gefunden haben." (digital-recruiter 2019, o.S.)

Das besondere an der Unternehmenskultur ist, dass sie sich nur schwer beeinflussen lässt. Sie ist die „beständige Variable" in einem Unternehmen. Ihr ist eine gewisse Trägheit inne, die dafür sorgt, dass Veränderungen nur sehr langsam erfolgen. Gerade bei Veränderungen, sogenannten Change Projekten, in Unternehmen wird vielfach der vorhandenen Kultur und der angestrebte Kulturwandel nicht im Voraus mit bedacht. Er wird einfach unterstellt. Die Folge ist, dass neue Strategien und daraus abgeleitet Strukturen eingeführt werden, die Kultur und die sie prägenden Mitarbeiter jedoch nicht „mitgenommen" werden.

Insbesondere Unternehmen, die häufig Umstrukturierungen durchführen (mussten), erleben eine Spaltung in der Belegschaft. Vielfach sind es die neueren Mitarbeiter, die für die Veränderung stehen und diejenigen, die bereits drei oder viel Mal eine Umstrukturierung mitgemacht haben, fühlen sich nicht wahr- und mitgenommen. Im schlechtesten Fall agieren sie destruktiv und behindern die Etablierung der neuen

Strukturen. Beachtet werden müssen in diesem Szenario insbesondere die Führungskräfte. Sie sind die eigentlichen Botschafter des Wandels und prägen in ihren Bereichen die Unternehmenskultur. Dieser Umstand führt u. a. zu dem Ergebnis, dass durch die Neubesetzung einer Führungsposition neue dynamische Impulse eingebracht werden können. Somit kann mit jeder Einstellung die eine Abweichung des Cultural Fit darstellt, die vorhandene Kultur aktiv gestaltet werden (vgl. digital-recuiter 2019, o.S.).

In einer von Step-Stone veröffentlichen Studie zu Kündigungsgründen aus dem Jahr 2018 ergibt sich, dass 27,7% der Befragten mangelhafte Passung zur Unternehmenskultur als Kündigungsgrund angeben.

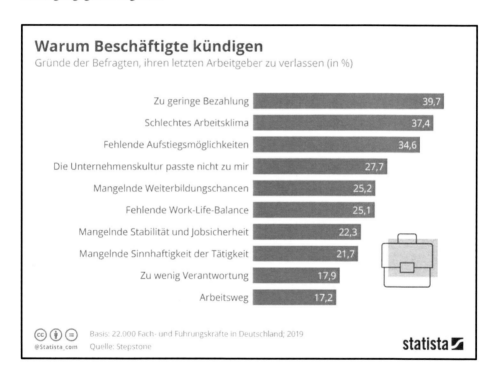

Abb. 13: Kündigungsgründe von Fach- und Führungskräften Quelle: Stepstone

Berücksichtigt man zu diesem Ergebnis noch die Ergebnisse der aktuellen Haufe Onboarding-Umfrage 2019 zur festgestellten Frühfluktuation, d. h. Kündigung während der Pre-Boardingphase wird deutlich, wie wichtig ein strukturierter Onboarding Prozess ist und welche Auswirkung die werteorientierte Integration hat.

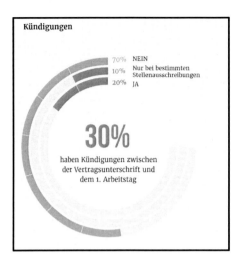

Abb. 14: Frühfluktuation Quelle: Haufe Onboarding-Umfrage 2019, S. 4

13.2 kununu Kultur Kompass

kununu wurde 2007 in Wien gegründet. Seit 2013 ist das Unternehmen eine Tochtergesellschaft von XING. Mit über 3 Millionen Bewertungen zu 422.781 Unternehmen ist kununu die größte Arbeitgeber Bewertungsplattform in Europa (Zahlen DACH-Region Stand: 29.11.2019).

Auf der Plattform bewerten aktuelle und ehemalige Mitarbeiter, Bewerber und Auszubildende das Unternehmen in unterschiedlichen Kategorien. Das Ergebnis wird in einem Gesamtscore ausgedrückt.

Im September 2019 stellte kununu in Wien den Kultur Kompass vor. Dieser soll als zukünftige Informations- und Bewertungsquelle Auskunft über die Unternehmenskultur eines Unternehmens geben.

„Die Entscheidung für einen Job ist eine der wichtigsten Entscheidungen im Leben eines Menschen. Der Job bestimmt unser Selbstbild und unseren Alltag. Deshalb ist es wichtig, dass Menschen auf Jobsuche sich so umfassend wie möglich über potenzielle neue Arbeitgeber informieren. Je mehr sie über den Job und das Unternehmen erfahren, desto leichter finden sie ihren Traumjob." (Stepstone – Ranking 2019 o. S.)

Nach Aussagen von kununu stellt der Kulturkompass ein aussagefähiges Tool dar, um herauszufinden, ob neben den bisher bewerteten Faktoren wie Gehalt, Benefits, Arbeitsbedingungen und Kollegen auch die Kultur des potentiellen Arbeitgebers den eigenen Vorstellungen entspricht. Potentielle Mitarbeiter sollen über den Kulturkompass authentische Einblicke in die Unternehmenskultur der Firmen bekommen. Dies mit dem Ziel herauszufinden, wie die Work-Life-Balance, der Umgang miteinander, die Führung und die strategische Richtung im Unternehmen gelebt wird. So die Unternehmensdarstellung von kununu.

Die ersten Bewertungen sind auf der Plattform ablesbar. Der Kulturkompass stellt aus Sicht des Verfassers nur einen groben Orientierungswert dar. Vergleichbar einer Tacho- oder Kompassnadel wird im Ergebnis nur nach „Traditionell" und „Modern" entschieden. Dabei suggeriert die Nadel im „grünen Bereich – Modern" eher etwas Positives als im „blauen Bereich – Traditionell". Ob ein Unternehmen das modern eingestuft wird, immer über eine bessere Kultur verfügt als ein traditionelles ist fraglich (vgl. Stefan Scheller 2019 o. S.).

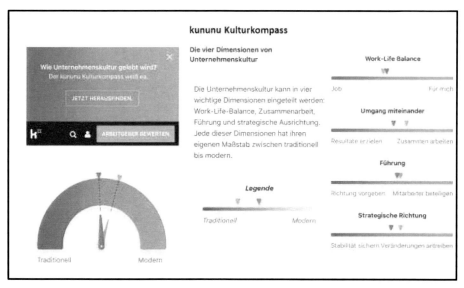

Abb.15: Zusammenschnitt kununu Kulturkompass Quelle: kununu.com

13.3 Cultural-Fit für Bewerber / Trainees

Gerade das Thema Cultural-Fit wird aktuell insbesondere von dem Softwareanbieter Cyquest GmbH aus Hamburg massiv am Markt auf verschiedenen Plattformen angeboten. Dabei deckt eine Software mit unterschiedlichen Oberflächen verschiedene Zielgruppen ab, die für Unternehmen relevant sind.

Für Bewerber der **Kulturmatcher** https://kulturmatcher.com/ mit der Zielsetzung Unternehmenskulturwunsch. Für Studenten **Zeit Campus** https://boa.zeit.de/recruiting/ mit der Zielsetzung eines berufsbezogenen Persönlichkeitstests. Trainees finden unter https://www.trainee.de/ die Möglichkeit der Überprüfung des Unternehmenskulturwunsches.

Es wird nach Absolvierung des jeweiligen Tests auf Wunsch ein Matching mit Unternehmenskulturwerten vorgenommen und eine %-Passung ermittelt. So bekommt der Bewerber Unternehmen vorgeschlagen, die sich mit der Wunschunternehmenskultur decken und so eine werteorientierte Passung „garantieren".

Die Kulturmatcher beschreiben ihre Software so:

> *„Der Kulturmatcher erfasst sowohl die Unternehmenskultur, die sich eine Person für ihren Arbeitsplatz wünscht, als auch die tatsächliche Kultur in einem Unternehmen. Der Vergleich beider Seiten ermöglicht eine Messung des Cultural Fit. Um der Komplexität und Vielschichtigkeit von Unternehmenskultur Rechnung zu tragen, wurde eigens für den Kulturmatcher ein neuartiges, innovatives Antwortformat aus der Kombination von Bild- und Textstimulus mit bipolarem 11-stufigem Antwortformat entwickelt. Der Kulturmatcher umfasst insgesamt 49 Items, die den einzelnen neun Dimensionen zugeordnet sind."*

(Quelle: Kulturmatcher Website https://kulturmatcher.com/)

Die Fragen und die Dimensionen denen die Antworten zugeordnet werden sind für Hochschulabsolventen auf der trainee.de Plattform identisch. Lediglich die grafische Aufbereitung unterscheidet sich.

Sucht ein Absolvent ein Unternehmen, das ein Traineeprogramm anbietet, kann seine individuelle Einstellung zur gewünschten Unternehmenskultur mittels des Tests erhoben werden.

Im Rahmen eines Selbsttests hat der Verfasser sich in die Situation eines Hochschulabsolventen begeben, der ein Traineeprogramm sucht. Die Fragen sehen exemplarisch wie folgt aus.

Cultural-Fit-Test

(Die 49 Antworten wurden den nachfolgenden neun Dimensionen zugeordnet.)

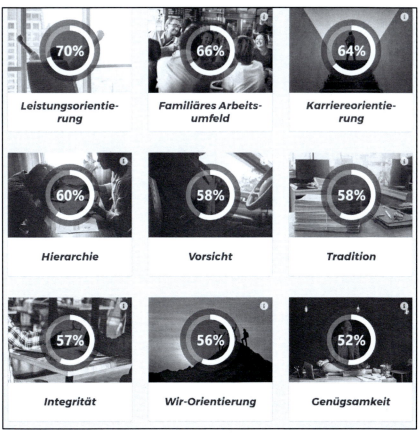

Abb. 16: Beispielfrage und Auswertung Cultural-Fit-Ergebnis (Selbsttest https://www.trainee.de/)

Die Ergebnisse spiegeln sich in Prozentwerten in den neun Dimensionen wider. Dabei bleibt festzuhalten, dass alle Werte über 50% ein „hin zu" widerspiegelt. Der Tester erhält neben der bildlich gestalteten Übersicht noch erklärende schriftliche Hinweise zu seinem Ergebnis.

Auf Wunsch erhält der Trainee eine Liste mit Unternehmen, die zu seinem individuellen Unternehmenskulturwunsch passen. Da die Tests alle kostenfrei angeboten werden, sind sie für Bewerber eine zusätzliche Möglichkeit der Informationsbeschaffung im Hinblick auf die eigenen Präferenzen und mögliche passgenaue Arbeitgeber.
Für Unternehmen bietet sich die Möglichkeit der Erhebung der Unternehmenskultur an. Ferner die Aufnahme in den Unternehmenspool für das Matching mit Trainees bzw. Bewerbern. Diese Dienstleistung ist kostenpflichtig.

13.4 Reboarding

Eine Weitentwicklung des (traditionellen) Onboarding Prozesses ist das Reboarding. Hierunter wird in erster Linie die Begleitung von internen Wechseln verstanden. Bei genauerer Betrachtung sind vier Fallkonstellationen zu unterscheiden:

- interner Stellenwechsel (Aufstieg, Beförderung oder andere Aufgaben),
- einem Wiedereinstieg (Rückkehrer nach Beschäftigung bei einem anderen Arbeitgeber),
- einer Rückkehr nach Auslandsentsendung
- oder einer Wiedereingliederung (nach einer längeren Krankheit oder Elternzeit).

In allen vier Konstellationen wird in der betrieblichen Praxis davon ausgegangen, dass der Mitarbeiter das Unternehmen kennt und daher nicht speziell eingearbeitet oder integriert werden muss.

Zu beachten gilt jedoch, dass je nach Abteilung oder Team oftmals „andere Spielregeln" in einem und demselben Unternehmen gelten. Der Mitarbeiter kennt die werteorientierte Unternehmenskultur, neu wird die soziale Integration in das neue Team oder auch die fachliche Integration durch neue Herausforderungen. Gerade wenn der Mitarbeiter intern wechselt, trägt er die Verantwortung für eine reibungslose Übergabe seiner bisherigen Aufgaben und gleichzeitig muss er sich in die neue Tätigkeit einarbeiten. Rückfragen an den bisherigen Stelleninhaber sind daher eher die Regel als die Ausnahme. Hier gilt es genau darauf zu achten, dass der wechselnde Mitarbeiter nicht die Verantwortung für zwei Jobs erhält. Ferner sollte darauf geachtet werden, ob es nicht im neuen Team einen Kollegen gibt, der sich gleichfalls auf die Position beworben hat. Die Verantwortlichen sind gut beraten, wenn sie derartige Überlegungen und daraus abgeleitete Maßnahmen vor dem Wechsel anstellen.

Man kann daher den bisherigen Onboarding Prozess um eine weitere Phase ergänzen. Es ergeben sich somit die

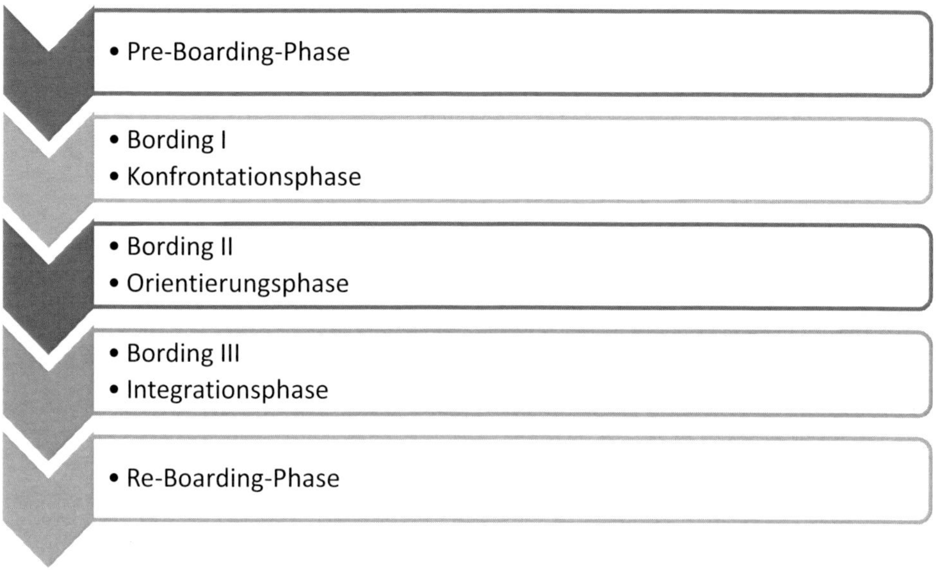

- Pre-Boarding-Phase
- Bording I
- Konfrontationsphase
- Bording II
- Orientierungsphase
- Bording III
- Integrationsphase
- Re-Boarding-Phase

Abb. 17: Erweiterter Onboarding Prozess (eigene Darstellung)

Im Rahmen der durch den Haufe Fachverlag durchgeführten Onboarding-Umfrage 2019 antworteten 94% der Befragten, dass sie über keine Maßnahmen bei internen Wechsel verfügen.

Das Thema ist noch nicht ins Bewusstsein und den Fokus der Personalverantwortlichen gedrungen. Dies sicherlich auch, weil bei internen Wechseln der „Treiber" für Maßnahmen nicht die Personalabteilung ist, sondern die Führungskräfte der abgebenden und aufnehmenden Fachabteilung.

13.5 Onboarding-Umfrage 2019

Die Haufe Group hat mit ihrer dritten Onboarding-Umfrage in 2019 drei Aspekte des Onboarding untersucht.

- Setzen Unternehmen Onboarding ein und wenn ja wie?
- Welche Onboarding Tools werden genutzt?
- Wo gibt es Erfolge und wo Schwachstellen?

Die Teilnehmer der Umfrage waren 616 Personalverantwortliche, die zwischen Juli und September 2019 befragt wurden. Dabei gab es im Hinblick auf die Unternehmen, in denen die Teilnehmer arbeiteten folgende Aufteilung:

- 18% Kleinere Unternehmen mit bis zu 50 Mitarbeitern.
- 52% Mittlere Unternehmen mit 51 - 500 Mitarbeitern.
- 30% Große Unternehmen mit mehr als 500 Mitarbeitern.

Die Ergebnisse in Kurzform lauten:

Frühfluktuation

„Wie schon in den Umfragen 2017 und 2018 zeigt sich auch 2019, dass bei weit mehr als einem Viertel (30%) der befragten Unternehmen neu eingestellte Mitarbeiter schon vor dem ersten Arbeitstag wieder abspringen und das gerade eingegangene Arbeitsverhältnis kündigen. Es genügt also nicht, den neuen Bewerber mit Blumen am Empfang zu erwarten – denn da erscheint er schon gar nicht mehr." (Haufe Onboarding-Umfrage 2019)

Nützliches Onboarding

„Noch stärker als 2017 und 2018 sehen im Jahr 2019 die meisten Unternehmen den Nutzen des Onboardings: Fast alle Umfrage-Teilnehmer glauben, dass durch ihre Maßnahmen die fachliche (91%) und soziale Integration (94%) eines neuen Mitarbeiters verbessert und beschleunigt werden kann." (Haufe Onboarding-Umfrage 2019)

Positive Auswirkungen beim Recruiting und Employer Branding

„Durch Onboardingmaßnahmen sehen die HR-Verantwortlichen auch sehr positive Effekte für ein besseres Recruiting neuer Mitarbeiter (73%) und ein stärkeres Employer Branding (81%)." (Haufe Onboarding- Umfrage 2019).

Überwiegend kein Budget für Onboardingmaßnahmen

88% der Befragten haben kein eigenes Budget für Onboardingmaßnahmen. Es gibt keine Aussage darüber, wie eine mögliche innerbetriebliche Verbuchung der Kosten und der aufgewandten Zeit erfolgt.

Verbesserungspotential

„Wie in den beiden Vorjahren sehen ... immer noch 77% der befragten HR-Verantwortlichen noch ein hohes Verbesserungspotenzial bei ihrem derzeitigen Onboardingprozess (2018: 83%). Nur 23% glauben, dass sie alles richtig machen." (Haufe Onboarding-Umfrage 2019).

Feedback Gespräche

„Strukturierte Feedback-Gespräche mit neuen Mitarbeitern scheinen noch viel zu wenig verbreitet. Nur knapp die Hälfte der Führungskräfte (56%) führen regelmäßig solche Gespräche, bei 26% kümmert sich HR darum, in 13% die Paten und bei 10% das Team. Bei 32% der befragten Unternehmen scheint es keine strukturierten Feedback-Gespräche zu geben! Die Unternehmen unterschätzen anscheinend, wie wichtig regelmäßiges und konstruktives Feedback ist, um neue Mitarbeiter einzuarbeiten und zu motivieren!" (Haufe Onboarding-Umfrage 2019).

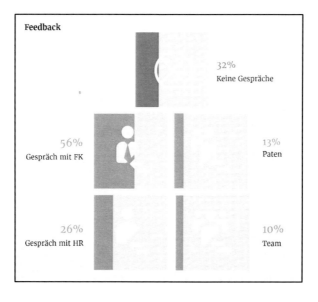

Abb. 18: Feedback Gespräche in Unternehmen (Haufe Online-Umfrage 2019, S. 7)

Feedback des Mitarbeiters (Onboardee)

Bei über der Hälfte der befragten Unternehmen (56%) gibt es keine klaren Prozesse, um Feedback von neuen Mitarbeitern gezielt aufzunehmen und weiterzugeben. Eine Verbesserung des Onboarding Prozesses ist so nicht möglich. Es bedarf klar definierter Feedback-Prozesse, um das betriebliche Onboarding zu verbessern.

Pre-Boarding / Paten / Abteilungsdurchläufe / Digitale Unterstützung

Es zeigt sich, dass immer noch 25% der Befragten keine Maßnahmen vor dem ersten Arbeitstag durchführen. Ein Pre-Boarding findet nicht statt.

„Leider legen sowohl Führungskräfte als auch HR-Mitarbeiter noch immer zu wenig Aufmerksamkeit auf die soziale Integration. Bei 49% bekommt der neue Mitarbeiter keinen Paten als sozialen „Kümmerer" an die Seite gestellt und Einführungsveranstaltungen sind bei 47% unbekannt.

78% der Umfrageteilnehmer unterstützen die Vernetzung der neuen Mitarbeiter nicht aktiv, setzen nicht auf Coaching (89%) und gewähren auch keine Einblicke in andere Abteilungen (65%). Noch düsterer sieht es bei der digitalen Prozessunterstützung durch Onboarding-Apps oder Software aus: 96% nutzen diese digitalen Möglichkeiten in der heutigen vernetzten Zeit überhaupt nicht." (Haufe Onboarding-Umfrage 2019).

Evaluierung des Onboarding Prozesses

„Die meisten Unternehmen werten die Erfolge (oder Misserfolge) ihrer Onboardingmaßnahmen überhaupt nicht aus (66%) und erheben keinerlei Kennzahlen dazu.

Die Frühfluktuationsquote (24%) und die Anzahl der Vier-Augen-Gespräche (13%) scheinen noch am verbreitetsten zu sein. Nur wenige Unternehmen erheben z. B. Quality of hire (8%), Cultural fit (9%) oder Time to fully operative (7%).

Hier stellt sich die Frage, ob diese Kennzahlen bekannt genug sind oder hier noch Aufklärungsarbeit nötig ist. Diese geringe Verbreitung ist jedenfalls besorgniserregend!

Denn wenn HR weitere Kennzahlen auswerten und reporten würde, gäbe es auch handfeste Argumente für ein Onboardingbudget!" (Haufe Onboarding-Umfrage 2019).

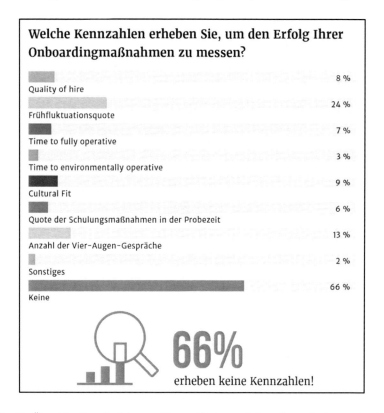

Abb. 19: Übersicht über Evaluierung (Kennzahlen) von Onboardingmaßnahmen (Haufe Onboarding-Umfrage 2019, S. 119)

Die ganze Umfrage kann auf der Internetseite des Haufe Verlages unter

https://www.myonboarding.de/downloads/haufe-onboarding-umfrage-2019?emos_sid=AW7w0bL6MXEdhCi89kT*TpmEWq_ChWXR&emos_vid=AW7w0bL6MXEdhCi89kT*TpmEWq_ChWXR

abgerufen werden.

13.6   Gesetz zum Schutz von Geschäftsgeheimnissen

Durch die Umsetzung der europäischen Richtlinie 2016/943 über den Schutz vertraulichen Know-hows und vertraulicher Geschäftsinformationen vor rechtswidrigem Erwerb sowie rechtswidriger Nutzung und Offenlegung trat Ende April 2019 das neue Gesetz zum Schutz von Geschäftsgeheimnissen (GeschGehG) in Kraft.

Bisher war der Schutz von Geschäfts- und Betriebsgeheimnissen insbesondere in § 17 UWG geregelt (siehe Kapitel 10.3). Dabei wurden die Begriffe Betriebs- und Geschäftsgeheimnisse durch die Rechtsprechung geformt und grundsätzlich weit gefasst. Die Unternehmen waren nicht verpflichtet, objektive Schutzmaßnahmen darzulegen und zu beweisen. Dies ändert sich durch das GeschGehG dahingehend, dass das Unternehmen nun angemessene Geheimhaltungsmaßnahmen treffen muss, damit es sich auf den Schutz des Gesetzes berufen kann.

Der Schutzgegenstand des neuen Gesetzes wird enger gefasst. Eine Unterscheidung wie bisher in Betriebs- und Geschäftsgeheimnis wird nicht mehr vorgenommen. Der § 2 Nr. 1 GeschGehG definiert, wann eine Information geschützt ist.

Information

- die weder insgesamt noch in der genauen Anordnung und Zusammensetzung ihrer Bestandteile den Personen in den Kreisen, die üblicherweise mit dieser Art von Informationen umgehen, allgemein bekannt oder ohne Weiteres zugänglich ist und daher von wirtschaftlichem Wert ist und

- die Gegenstand von den Umständen nach angemessenen Geheimhaltungsmaßnahmen durch ihren rechtmäßigen Inhaber ist und

- bei der ein berechtigtes Interesse an der Geheimhaltung besteht.

Das Gesetz fordert im Gegensatz zur früheren Rechtslage, dass angemessene Geheimhaltungsmaßnahmen ergriffen werden, damit Informationen überhaupt als Geschäftsgeheimnisse klassifiziert und geschützt sind. Es müssen objektive Voraussetzungen vorliegen, die im Streitfall dargelegt und bewiesen werden müssen. Auf den früheren subjektiven Geheimhaltungswillen kommt es nicht mehr an.

Für das Onboarding dürfte das neue Gesetz kaum eine Rolle spielen. Lediglich bei „Geheimnisträgern" und speziellen Führungskräften kann eine Anwendung gegeben sein. Die Nutzung einer Verpflichtungserklärung wie in Kapitel 10.2 ausgeführt, sollte in den meisten Fallkonstellationen ausreichen.

Literaturverzeichnis

Arnold, Rolf (2015): Kollegiale Beratung und Supervision. Studienbrief SB0620 im Rahmen des Fernstudiums Systemische Beratung an der TU Kaiserslautern. 2. Auflage.

Arnold, Rolf (Hg.) (2016): Veränderung durch Selbstveränderung. Impulse für das Changemanagement. 2. unveränderte Auflage. Baltmannsweiler: Schneider Verlag Hohengehren GmbH (Systhemia, 6).

Balz, Hans-Jürgen; Plöger, Peter (2015): Systemisches Karrierecoaching. Berufsbiografien neu gedacht. Göttingen: Vandenhoeck & Ruprecht.

Baecker, Dirk (2003): Wozu Kultur? 3. Auflage. Berlin: Kadmos Kulturverlag.

Bandler, Richard; Grinder, John (1992): Reframing. Ein ökologischer Ansatz in der Psychotherapie (NLP). 5. Aufl. Paderborn: Junfermann.

Baraldi, Claudio; Corsi, Giancarlo; Esposito, Elena (2015): GLU. Glossar zu Niklas Luhmanns Theorie sozialer Systeme. 8. Auflage. Frankfurt am Main: Suhrkamp (Suhrkamp-Taschenbuch Wissenschaft, 1226).

Barthelmess, Manuel (2016): Die systemische Haltung. Was systemisches Arbeiten im Kern ausmacht. 1. Aufl. Göttingen: Vandenhoeck & Ruprecht (Psychotherapie und Psychologie - Neuerscheinungen).

Bartsch, Matthias (2016): Die Passung und Anpassung von Person und Organisation. Was passiert und was wir tun können, wenn Talente passen, fehlpassen, sich anpassen oder sich emanzipieren. Aachen: Shaker Verlag (Berichte aus der Psychologie).

Bartscher, Thomas; Nissen, Regina (2017): Personalmanagement. Grundlagen, Handlungsfelder, Praxis. 2., aktualisierte Auflage. Hallbergmoos: Pearson (wi - Wirtschaft).

BDA | Bundesvereinigung der Deutschen Arbeitgeberverbände (Hg.) (2013): Die Gefährdungsbeurteilung nach dem Arbeitsschutzgesetz. Besonderer Schwerpunkt: psychische Belastung. Ein Praxisleitfaden für Arbeitgeber.

Berghaus, Margot (2004): Luhmann leicht gemacht. Eine Einführung in die Systemtheorie. Köln, Stuttgart: Böhlau; UTB GmbH (UTB, 2360).

Biemann, Torsten; Weckmüller, Heiko (2014): Onboarding - Mitarbeiter richtig integrieren. Durch systematische Integrationsprogramme erreichen Neueinsteiger im Unternehmen schneller die gewünschte Performance. In: *PERSONAL quarterly Wissenschaftsjournal für die Personalpraxis*, S. 46–49. Online verfügbar unter https://www.haufe.de/download/personal-quarterly-ausgabe-12014-personalquarterly-213808.pdf, zuletzt geprüft am 30.11.2018.

Brenner, Doris (2014): Onboarding. Als Führungskraft neue Mitarbeiter erfolgreich einarbeiten und integrieren. Wiesbaden: Springer Gabler (essentials).

Brüggemann, Helga; Ehret-Ivankovic, Kristina; Klütmann, Christopher (2016): Systemische Beratung in fünf Gängen. 6., überarbeitete Auflage. Göttingen: Vandenhoeck & Ruprecht.

Buchheim, Constanze; Weiner, Martina (2014): HR-Basics für Start-ups. Recruiting und Retention im Digitalen Zeitalter. Wiesbaden: Springer Gabler.

Burgard, Horst (2014): Mitarbeitereinführung. In: Hans Strutz (Hg.): Handbuch Personalmarketing. 2., erweiterte Auflage, [softcover reprint of the original 2nd ed. 1993]. Wiesbaden: Springer Fachmedien Wiesbaden GmbH.

Bühring-Uhle, Christian; Fleischmann, Philipp (2019: Onboarding als kritischer Erfolgsfaktor in AvS The Trusted Advisor TTA 02-2019 I Onboarding. Online verfügbar unter https://avs-advisors.com/de/tta/ abgerufen am 29.11.2019.

Digital-Recruiter.com (2019): Erfolgsfaktor Cultural Fit, o.S unter https://www.digital-recruiter.com/ueber-digital-recruitercom/news/erfolgsfaktor-cultural-fit.html abgerufen 26.11.2019.

Elbe, M., Peters, S (2014).: Organisationsformen, Strukturen und Prozesse. Studienbrief SB - 1 E20 Organisationsentwicklung - im Rahmen des Fernstudiums Systemische Beratung an der TU Kaiserslautern. 2. überarbeitete Auflage.

Erhardt, Ulrich (2014): Ansätze organisationalen Lernens. Studienbrief SB0920 Management des Wandels im Rahmen des Fernstudiums Systemische Beratung an der TU Kaiserslautern. 2. Aufl.

Erpenbeck, Mechtild (2018): Wirksam werden im Kontakt. Die systemische Haltung im Coaching. Erste Auflage. Heidelberg: Carl-Auer Verlag GmbH (Coaching/Beratung).

EU-Kommission: KMU-Definition der EU seit 01.01.2015. EU-Empfehlung 2003/361. Fundstelle: Ifm Institut für Mittelstandsforschung Bonn. Online verfügbar unter https://www.ifm-bonn.org/definitionen/kmu-definition-der-eu-kommission/, zuletzt geprüft am 31.08.2018.

Ferring, Karin; Staufenbiel, Joerg E. (2014): Trainee-Programme. In: Hans Strutz (Hg.): Handbuch Personalmarketing. 2., erweiterte Auflage, [softcover reprint of the original 2nd ed. 1993]. Wiesbaden: Springer Fachmedien Wiesbaden GmbH, S. 223–231.

Fitting, Karl; Kaiser, Heinrich (1998): Betriebsverfassungsgesetz. Handkommentar. 19., neubearb. Aufl. München: Vahlen.

Foerster, Heinz von (Hg.) (2000): Einführung in den Konstruktivismus. 5. Auflage. München: Piper (Veröffentlichungen der Carl-Friedrich-von-Siemens-Stiftung, 5).

Gmür, Markus; Thommen, Jean-Paul (2007): Human-Resource-Management. Strategien und Instrumente für Führungskräfte und das Personalmanagement in 13 Bausteinen. 2., überarb. und erw. Aufl. Zürich: Versus-Verl. (Wirtschaft + Management, 7).

Göbel, Kerstin; Neuber, Katharina (2018): Kooperative Reflexion von Unterrichtsvideos – ein systemischer Ansatz zur Unterrichtsentwicklung. In: Friedrich Jahresheft 36, 64-67.

Grote, Sven; Erhardt, Ulrich; Lauer, Laurens (2014): Ansätze organisationalen Lernens. Studienbrief SB0920 Management des Wandels im Rahmen des Fernstudiums Systemische Beratung an der TU Kaiserslautern. 2. Aufl.

Groth, Torsten (2017): 66 Gebote systemischen Denkens und Handelns in Management und Beratung. Mit Illustrationen von Christoph Rauscher. Unter Mitarbeit von Christoph Rauscher. Zweite, überarbeitete Auflage. Heidelberg, Neckar: Carl-Auer Verlag GmbH (Management I Organisationsberatung).

Grubendorfer, Christina (2016): Einführung in systemische Konzepte der Unternehmenskultur. 1. Aufl. Heidelberg, Neckar: Carl-Auer Verlag GmbH (Carl-Auer compact).

Guldin, Andreas; Gelléri, Petra (2014): Förderung von Innovationen in Schuler, Heinz; Kanning, Uwe Peter (Hg.) Lehrbuch der Personalpsychologie. 3., überarbeitete und erweiterte Auflage. Göttingen, Bern, Wien, Paris: Hogrefe.

Haufe Verlag (Hg.) (2018): Haufe my Onboarding: Alle Onboarding-Tools in einer Software-Lösung. Online verfügbar unter https://www.myonboarding.de/?akttyp=campaign&med=sea&aktnr=55133&wnr=0331 1875&chorid=03311875&adword=google%2F039_GEN_Haufe_Onboarding_0331187 5%2F039_Onboarding_Prozess%2F%2Bonboarding%20%2Bprozess, zuletzt geprüft am 07.12.2018.

Haufe Verlag (Hg.) (2019): 3 Onboarding-Umfrage 2019 – Nach wie vor zu wenig Fokus. https://www.haufe.de/personal/hr-management/umfrage-zum-onboarding-in-unternehmen_80_396926.html abgerufen am 28.11.2019

Helbling, Alexander (2011): Kommunikation im human resource management. Instrumente und Vorgehensweisen zum Kommunikationsmanagement - von Musterbriefen über Reglemente und die Online-Kommunikation bis zu Stellenanzeigen mit zahlreichen Mustervorlagen und Arbeitshilfen. 1., neue Ausg. Zürich-Wollishofen: PRAXIUM.

Hiekel, Alexandra; Neymanns, Tim (2011): Neue Mitarbeiter an Bord nehmen. STUDIE: Die meisten Unternehmen haben "Onboarding" als strategischen Prozess etabliert, häufig ist dieser aber zu wenig flexibel und mitarbeiterorientiert. In: *Personalmagazin* (06/11), S. 33–35.

Holtbrügge, Dirk (2018): Personalmanagement. 7., überarbeitete und erweiterte Auflage. Berlin: Springer Gabler.

Huber, Andreas (2018): Personalmanagement. 2., überarbeitete und aktualisierte Auflage. München: Verlag Franz Vahlen (Vahlens Kurzlehrbücher).

ifb - Institut zur Fortbildung von Betriebsräten (Hg.) (2018): Was darf der Betriebsrat? Mitwirkung und Mitbestimmung: Die Zusammenarbeit von Arbeitgeber und Betriebsrat. Online verfügbar unter https://www.betriebsrat.de/neu-im-betriebsrat/mitwirkung-und-mitbestimmungsrechte/mitwirkung-und-mitbestimmung.html, zuletzt geprüft am 05.12.2018.

James, Tad; Woodsmall, Wyatt (2002): Time line. NLP-Konzepte zur Grundstruktur der Persönlichkeit. 5. Aufl. Paderborn: Junfermann (Pragmatismus & Tradition, Band 10).

Kanning, Uwe Peter (2014): Prozess und Methoden der Personalentwicklung. In: Heinz Schuler und Uwe Peter Kanning (Hg.): Lehrbuch der Personalpsychologie. 3., überarbeitete und erweiterte Auflage. Göttingen, Bern, Wien, Paris: Hogrefe, S. 501–562.

Kauffeld, Simone (2010): Nachhaltige Weiterbildung. Betriebliche Seminare und Trainings entwickeln, Erfolge messen, Transfer sichern. Berlin, Heidelberg: Springer-Verlag Berlin Heidelberg.

Kieser, Alfred; Nagel, Rüdiger; Krüger, Karl-Heinz; Hippler, Gabriele (1990): Schriften zur Personalwirtschaft Band 12 - Arbeitshilfen, Problemlösungen Managementwissen // Die Einführung neuer Mitarbeiter in das Unternehmen. Zitiert aus: Schmidt, Katharina - Onboarding 2018, S. 12. 2., überarbeitete Auflage. Neuwied: Kommentation Verlag.

Knepel, Kirke (2012): PE-Evaluation nach Kirkpatrick - was sagt die Theorie? Hg. v. personalerforum. Online verfügbar unter https://www.personalerforum.de/2012/09/06/pe-evaluation-nach-kirkpatrick-was-sagt-die-theorie/, zuletzt geprüft am 30.11.2018.

König, Eckard (2016): Veränderungen systemisch. In: Rolf Arnold (Hg.): Veränderung durch Selbstveränderung. Impulse für das Changemanagement. 2. unveränderte Auflage. Baltmannsweiler: Schneider Verlag Hohengehren GmbH (Systhemia, 6), S. 19–34.

Königswieser, Roswita; Hillebrand, Martin (2017): Einführung in die systemische Organisationsberatung. Unter Mitarbeit von Johann Ortner. Neunte Auflage. Heidelberg: Carl-Auer Verlag GmbH (Carl-Auer compact).

Kowling, Alexander (2014): Fehlzeiten und Fluktuation. In: Hans Strutz (Hg.): Handbuch Personalmarketing. 2., erweiterte Auflage, [softcover reprint of the original 2nd ed. 1993]. Wiesbaden: Springer Fachmedien Wiesbaden GmbH.

Krämer-Stürzl, Antje (2016): Aktuelle Entwicklungen in der Personalentwicklung. Studienbrief SB-1 C20 Personalentwicklung - im Rahmen des Fernstudiums Systemische Beratung an der TU Kaiserslautern. 5., durchgesehene Auflage.

Kriegler, Wolf Reiner (2018): Praxishandbuch Employer Branding - inklusive Arbeitshilfen online. Mit starker Marke zum attraktiven Arbeitgeber werden. 3rd ed. München: Haufe Lexware Verlag (Haufe Fachbuch, v.4528).

Krizanits, Joana (2015): Einführung in die Methoden der systemischen Organisationsberatung. Zweite, überarbeitete Auflage. Heidelberg: Carl-Auer-Verlag GmbH (Carl-Auer compact).

Kulturmatcher Online verfügbar unter https://kulturmatcher.com/ abgerufen am 30.11.2019

kununu Kulturkompass Online verfügbar unter https://www.kununu.com/ abgerufen am 30.11.2019

Linck, Rüdiger (2011). 4. Abschnitt. Nebenpflichten und Wettbewerbsverbote. § 53. Allgemeine Nebenpflichten des Arbeitnehmers. In: Günter Schaub (Hg.): Arbeitsrechts-Handbuch. Systematische Darstellung und Nachschlagewerk für die Praxis. 14., neu bearb. Aufl. München: Beck (Beck-online), S. 514–529.

Lindemann, Holger (2016): Systeme in Bewegung bringen. Veränderung durch gemeinsame Selbstveränderung. In: Rolf Arnold (Hg.): Veränderung durch Selbstveränderung. Impulse für das Changemanagement. 2. unveränderte Auflage. Baltmannsweiler: Schneider Verlag Hohengehren GmbH (Systhemia, 6), S. 111–157.

Lohaus, Daniela; Habermann, Wolfgang (2016): Integrationsmanagement - Onboarding neuer Mitarbeiter. 2., unveränderte Auflage. Göttingen: Vandenhoeck et Ruprecht (Coaching, Supervision, Beratung).

Luhmann, Niklas (1984): Theorie sozialer Systeme.

Luhmann, Niklas (2015): Soziale Systeme. Grundriß einer allgemeinen Theorie. 16. Auflage. Frankfurt am Main: Suhrkamp (Suhrkamp-Taschenbuch Wissenschaft, 666).

Matzen Rüdiger R. (2018): Personalmanagementprozess. Personalorganisation. Vorlesung Personalmanagement Master Human Resources Management. Hochschule Fresenius. Hamburg, 26.11.2018.

Meier, Harald (2018): Interkulturelles Onboarding. Betriebliche Integration : Flüchtlinge und Migranten, Mitarbeiter mit Migrationshintergrund, International Global Workforce. Herne: NWB Verlag (Lehrbuch).

Meissner, Jens O. (2011): Einführung in das systemische Innovationsmanagement. 1. Aufl. Heidelberg: Carl-Auer-Systeme-Verl. (Compact).

Meyer, Wolfgang (2013): Evaluation und Qualitätssicherung. Studienbrief SB0610 - im Rahmen des Fernstudiums Systemische Beratung an der TU Kaiserslautern.

Möller-Brix, Gerd (2014): Systemisch Beraten. Das Praxisbuch mit Methodenanleitungen und Beispielen. Vollständig überarb. Neuaufl.

Morgan, Gareth (2018): Bilder der Organisation. Sonderausgabe Management-Klassiker. Stuttgart: Schäffer-Poeschel Verlag (Management-Klassiker).

Moser, Klaus; Soucek, Roman; Galais, Nathalie; Roth, Colin (Hg.) (2018): Onboarding - Neue Mitarbeiter integrieren. 1. Auflage 2018. Göttingen: Hogrefe Verlag (Praxis der Personalpsychologie, Band 37).

Müller, Gabriele (2003): Systemisches Coaching im Management. Ein Praxisbuch für Neueinsteiger und Profis. Weinheim: Beltz (Reihe Beltz Weiterbildung Konzept und Beratung).

Nagel, Reinhart; Wimmer, Rudolf (2015): Einführung in die systemische Strategieentwicklung. Erste Auflage. Heidelberg: Carl-Auer Verlag GmbH (Carl-Auer compact).

Nowak, Claus (Hg.) (2015): Geometrien der Veränderung. 70 Modelle für Führung, Coaching und Change-Management. 1. Aufl. Meezen: Limmer.

Patrzek, Andreas (2015): Systemisches Fragen. Professionelle Fragetechnik für Führungskräfte, Berater und Coaches. Wiesbaden: Springer Gabler (essentials).

Radatz, Sonja (2015): Beratung ohne Ratschlag. Systemisches Coaching für Führungskräfte und BeraterInnen : ein Praxishandbuch mit den Grundlagen systemisch-konstruktivistischen Denkens, Fragetechniken und Coachingkonzepten. 9., unveränderte Auflage. Wolkersdorf: literatur-vsm.

Radatz, Sonja (2016): Wie "gutes" Leadership Development entsteht: Eine Veränderung durch Selbstveränderung. In: Rolf Arnold (Hg.): Veränderung durch Selbstveränderung. Impulse für das Changemanagement. 2. unveränderte Auflage. Baltmannsweiler: Schneider Verlag Hohengehren GmbH (Systhemia, 6), S. 97–110.

Rasmussen, Cornelius (2015): SWOT-Analyse. In: Claus Nowak (Hg.): Geometrien der Veränderung. 70 Modelle für Führung, Coaching und Change-Management. 1. Aufl. Meezen: Limmer, S. 160–165.

Schaub, Günter (Hg.) (2011): Arbeitsrechts-Handbuch. Systematische Darstellung und Nachschlagewerk für die Praxis. 14., neu bearb. Aufl. München: Beck (Beck-online).

Schein, Edgar H.; Bruckmaier, Isabella (2010): Prozessberatung für die Organisation der Zukunft. Der Aufbau einer helfenden Beziehung. 3. Aufl. Bergisch Gladbach: EHP (EHP-Organisation).

Schein, Edgar H.; Schein, Peter (2018): Organisationskultur und Leadership. München [u.a.]: Verlag C.H. Beck; Vahlen.

Scheller, Stefan (2019): kununu Kulturkompass: Die Messung der Unternehmenskultur im kritischen Praxistest. Online unter https://persoblogger.de/2019/10/07/kununu-kulturkompass-die-messung-der-unternehmenskultur-im-kritischen-praxistest/ abgerufen 28.11.2019

Scherm, Ewald; Süß, Stefan (2016): Personalmanagement. 3., vollständig überarbeitete Auflage. München: Verlag Franz Vahlen (Vahlens Lernbücher).

Schlippe, Arist von; Schweitzer, Jochen (2014): Die Praxis der Intervention in sozialen Systemen. Studienbrief SYM0400 im Rahmen des Fernstudiums Systemisches Management TU Kaiserslautern. 3., überarbeitete Auflage.

Schlippe, Arist von; Schweitzer, Jochen (2016): Lehrbuch der systemischen Therapie und Beratung I. Das Grundlagenwissen. 3., unveränderte Auflage. Göttingen, Bristol, CT, U.S.A.: Vandenhoeck & Ruprecht.

Schlippe, Arist von; Schweitzer, Jochen (2017): Systemische Interventionen. 3., unveränderte Auflage. Göttingen, Bristol, Stuttgart: Vandenhoeck & Ruprecht; UTB GmbH (utb-studi-e-book, 3313).

Schlippe, Arist von; Schweitzer, Jochen; Helmrich, Christian (2017): Methoden der Intervention in sozialen Systemen. Studienbrief SB0420 - Systemische Methoden - im Rahmen des Fernstudiums Systemische Beratung TU Kaiserslautern. 5., überarbeitete und durchgesehene Auflage.

Schmidt, Katharina (2018): Onboarding. Erwartungen der Mitarbeiter an einen systematischen Integrationsprozess. Hamburg: Diplomica Verlag.

Schmitz, Andreas (2016): Autism at work. Über SAP SE / SAP News Center. Online verfügbar unter https://news.sap.com/germany/2016/12/autismus-bei-sap/, zuletzt geprüft am 12.09.2018.

Scholz, Christian (2014a): Personalmanagement. Informationsorientierte und verhaltenstheoretische Grundlagen. 6., neubearb. und erw. Aufl. München: Vahlen (Vahlens Handbücher der Wirtschafts- und Sozialwissenschaften).

Scholz, Christian (2014): Grundzüge des Personalmanagements. 2. Aufl. München: Vahlen.

Schuler, Heinz; Kanning, Uwe Peter (Hg.) (2014): Lehrbuch der Personalpsychologie. 3., überarbeitete und erweiterte Auflage. Göttingen, Bern, Wien, Paris: Hogrefe.

Schüller, Anne M.; Steffen, Alex T. (2017): Fit Für Die Next Economy. Zukunftsfähig Mit Den Digital Natives. Newark: John Wiley & Sons Incorporated.

Schwing, Rainer; Fryszer, Andreas (2017): Systemisches Handwerk. Werkzeug für die Praxis. 8. Aufl. Göttingen: Vandenhoeck & Ruprecht.

Simon, Fritz B. (2015a): Soziale Systeme. Studienbrief SYM0300 im Rahmen des Fernstudiums Systemisches Management an der TU Kaiserslautern. 2. Auflage.

Simon, Fritz B. (2014): Einführung in die (System-)Theorie der Beratung. 1. Auflage. Heidelberg: Carl-Auer-Verlag (Carl-Auer compact).

Simon, Fritz B. (2015): Grundlagen systemischen Denkens und Handelns. Studienbrief SYM0100 im Rahmen des Fernstudiums Systemisches Management TU Kaiserslautern. 4., überarbeitete Auflage.

Skibba, Katrin (2006): Personalauswahl gemäss DIN 33430. Nutzenpotenziale für Unternehmen. Saarbrücken: VDM, Müller.

softgarden e-recruiting GmbH (Hg.) (2018): Die ersten 100 Tage im Job aus Sicht der Bewerber. Probezeit für Arbeitgeber. Online verfügbar unter https://www.softgarden.de/studien/, zuletzt geprüft am 15.11.2018.

Statista GmbH, Hamburg (2017): Infografik: Was Berufseinsteigern wichtig ist. Faktoren, die Berufseinsteiger an ihren Arbeitgeber binden. Online verfügbar unter https://de.statista.com/infografik/10168/was-berufseinsteigern-wichtig-ist/, zuletzt geprüft am 13.09.2018.

Statistik der Bundesagentur für Arbeit (Hg.). Berichte: Blickpunkt Arbeitsmarkt - Situation schwerbehinderter Menschen, Nürnberg, Mai 2018. Online verfügbar unter https://statistik.arbeitsagentur.de/Statischer-Content/ Arbeitsmarktberichte/ Personen-gruppen/generische-Publikationen/Brosch-Die-Arbeitsmarktsituation-schwerbehinderter-Menschen.pdf, zuletzt geprüft am 09.09.2018.

StepStone Deutschland GmbH (Hg.) (2017): Karrierestart. StepStone Karriere Insights. Online verfügbar unter https://www.stepstone.de/Ueber-StepStone/wp-content/uploads/2018/08/StepStone_Karrierestart.pdf, zuletzt geprüft am 04.12.2018.

StepStone Deutschland GmbH (Hg.) (2018): Studie Cultural Fit (Kündigungsgründe) Online abgerufen unter https://www.stepstone.de/e-recruiting/blog/die-8-haufigsten-kundigungsgrunde/ 30.11.2019

StepStone Deutschland GmbH (Hg.) (2019): Ranking. StepStone Presse. Online verfügbar unter https://www.stepstone.de/ueber-stepstone/press/ranking/ abgerufen 29.11.2019.

Stock-Homburg, Ruth (2013): Personalmanagement. Theorien - Konzepte - Instrumente. 3., überarb. und erw. Aufl. Wiesbaden: Springer Gabler (Lehrbuch).

Stoffer, Ehrenfried (2014): Führungskräftentwicklung. In: Hans Strutz (Hg.): Handbuch Personalmarketing. 2., erweiterte Auflage, [softcover reprint of the original 2nd ed. 1993]. Wiesbaden: Springer Fachmedien Wiesbaden GmbH.

Strutz, Hans (Hg.) (2014): Handbuch Personalmarketing. 2., erweiterte Auflage, [softcover reprint of the original 2nd ed. 1993]. Wiesbaden: Springer Fachmedien Wiesbaden GmbH.

Systemische Gesellschaft Deutscher Verband für systemische Forschung, Therapie, Supervision und Beratung e.V. (Hg.): Der systemische Ansatz und seine Praxisfelder. Eine Informationsbroschüre der Systemischen Gesellschaft. Online verfügbar unter https://systemische-gesellschaft.de/wp-content/uploads/2016/02/SG_Systemischer-Ansatz-und-seine-Praxisfelder.pdf, zuletzt geprüft am 21.11.2018.

Törneke, Niklas (2012): Bezugsrahmentheorie. Eine Einführung. 1. Aufl. S.l. Paderborn: Junfermann.

van Buren, Mark.; Erskine, William (2002): ASTD State of the Industry Report Washington DC. Zitiert aus Kauffeld, Simone (2010) Nachhaltige Weiterbildung, S. 113.

Watzlawick, Paul (2000): Wirklichkeitsanpassung oder angepaßte Wirklichkeit? In: Heinz von Foerster (Hg.): Einführung in den Konstruktivismus. 5. Auflage. München: Piper (Veröffentlichungen der Carl-Friedrich-von-Siemens-Stiftung, 5), S. 89–107.

Weibler, Jürgen (2016): Personalführung. Unter Mitarbeit von Sigrid Endres, Thomas Kuhn, Matthias Müssigbrodt und Malte Petersen. 3., komplett überarbeitete und erweiterte Auflage. München: Verlag Franz Vahlen.

Wiedemeyer, Gerd R. (2014): Mitarbeiterinformation. In: Hans Strutz (Hg.): Handbuch Personalmarketing. 2., erweiterte Auflage, [softcover reprint of the original 2nd ed. 1993]. Wiesbaden: Springer Fachmedien Wiesbaden GmbH.

Willke, Helmut (2007): Einführung in das systemische Wissensmanagement. 2. Aufl. Heidelberg: Carl-Auer-Systeme (Carl-Auer compact).

Willke, Helmut (2014): Systemtheorie III: Steuerungstheorie. Grundzüge einer Theorie der Steuerung komplexer Sozialsysteme. 4., überarb. Aufl. Konstanz, Stuttgart: UVK-Verl.-Ges; UTB (UTB, 1840).

Wilke, Helmut (2015): (Un)Möglichkeiten der Intervention. Studienbrief SYM0200 im Rahmen des Fernstudiums Systemisches Management an der TU Kaiserslautern. 5. überarbeitete Auflage.